中学年用

はじめての
小学校外国語活動

実 践
ガイドブック

― 新学習指導要領対応 ―

大城 賢／萬谷 隆一 編著

開隆堂

はじめに

　小学校で新しい外国語教育が始まります。これまで高学年で行われていた外国語活動が中学年に前倒しされ，高学年には教科として外国語科が導入されます。現在の外国語活動が全面実施されたのは2011年度ですから，今年度で7年目ということになります。7年目に入りやっと慣れてきたところなのに，また新しいことが始まるのか，と不満や不安を持たれている先生も多いと思います。しかし，今回の学習指導要領の改訂で何もしなければ，次の改訂は2030年頃になります。グローバル化が急速に進展するなか，それでは遅すぎます。さまざまな課題はあるものの，子どもたちの未来のために，大人が汗を流す必要があります。

　これまでの外国語活動の成果としては，児童の高い学習意欲，中学生の外国語教育に対する積極性の向上などが報告されました。今回の中学年への外国語活動の前倒しは，これまでの成果を中学年に生かすことと考えることができます。ですから，その中身も基本的にはこれまでの外国語活動を引き継ぐ形となっています。とは言え，目標や内容が新たに整理し直されたり，「見方・考え方」や「領域ごとの目標」が示されたりと，これまでの外国語活動とは異なる点もあります。

　新学習指導要領は2020年度から全面実施になりますが，実際には2018年度の移行期から「先行実施」，または「移行措置」が始まります。全面実施まで，何もしないという選択肢はありません。2017年度中に学習指導要領の趣旨を十分に理解し，2018年度に備えなければなりません。残念ですが，時間はあまり残されていません。

　本書は，このような状況の中で，新しく中学年の外国語活動を担当される現場の先生方の不安をいくらかでも解消したいという思いから緊急出版される運びとなりました。改訂された学習指導要領は，分量も増え，学習指導要領解説書に至っては，分量が多すぎて読むのも一苦労という声も聞こえるようになりました。

　そこで，本書においてはシンプルさを心がけ，読みやすくわかりやすい解説を試みています。本書が先生方の不安を払拭し，実践の手引きになるものと確信しています。

編著者

目　次

はじめに …………………………………………… 2

本書の構成／対照表 …………………………… 4

解説編　**外国語活動で知りたいこと**

1. 新学習指導要領(外国語活動)を読み解く　6

2. 小学校外国語活動の基礎と実践 ……… 16

基礎編　**外国語活動で気をつけたいこと**

1. 授業の構成の考え方 ………………… 28

2. 教材の扱い方 …………………………… 32

3. 学級担任の役割 ………………………… 36

4. ゲームの仕方 …………………………… 44

実践編　**外国語活動で教えたいこと**

1. 英語との出会わせ方 ………………… 56

2. 英語と日本語との違い ……………… 60

3. 文字の扱い方 …………………………… 64

4. 2往復以上のやり取り ……………… 68

5. 動作の取り扱い方・語彙の取り入れ方 ‥ 72

6. 絵本の効果的な扱い方 ……………… 76

巻末資料　❶ 授業で使える表現集 ………………… 80

❷ 新学習指導要領(外国語活動) …………… 90

本書の構成

解説編

　新学習指導要領外国語活動について，要点を押さえたわかりやすい解説と，これからの小学校3・4年生を対象に行う外国語活動の授業の展望と考え方について，具体的に解説しています。

基礎編

　はじめて外国語活動の授業をする際に，指導者として知っておきたい基礎知識をわかりやすく説明しています。

実践編

　外国語活動を教えるときに知っておきたい6つのポイントを，筆者の豊富な経験と理論に基づき，実践例を交えながら簡潔に説明しています。

巻末資料

　授業で使える教室英語，文部科学省発行新教材で使われる英語表現・語彙リスト，新学習指導要領（外国語活動）を収録しています。

新教材関連ユニット対照表

本　書	3年	4年
1. 英語との出会わせ方 (p.56)	**Unit 1**	
2. 英語と日本語との違い (p.60)	**Unit 4, 8**	
3. 文字の扱い方 (p.64)	**Unit 6**	**Unit 6**
4. 2往復以上のやり取り (p.68)	**Unit 8**	**Unit 5**
5. 動作の取り扱い方・語彙の取り入れ方 (p.72)		**Unit 2, 8**
6. 絵本の効果的な扱い方 (p.76)	**Unit 9**	**Unit 9**

解説編

外国語活動で
知りたいこと

1 新学習指導要領(外国語活動)を読み解く

　平成20年に公示された小学校学習指導要領外国語活動（以降，「改訂前の学習指導要領」または「改訂前の外国語活動」とする）により，平成23年度から高学年において外国語活動が全面実施されました。それから5年余りが経過した平成28年，中央教育審議会答申にて，外国語活動の成果と課題が示されました。成果としては，児童の高い学習意欲，中学生の外国語教育に対する積極性の向上などが報告されました。また，課題としては，①音声中心で学んだことが中学校の段階で音声から文字への学習に円滑に接続されていない，②日本語と英語の音声の違いや英語の発音と綴りの関係，文構造の学習に課題がある，③高学年は，児童の抽象的な思考力が高まる段階であり，より体系的な学習が求められる，といったことが指摘されました。

　平成29年に公示された小学校学習指導要領（以降，「新学習指導要領」とする）では，これまでの外国語活動の成果を生かす形で中学年に外国語活動が前倒しされ，上記の課題を解決するために，高学年の外国語活動を教科化したと考えることができます。したがって，中学年から始まる外国語活動は，これまでの外国語活動を引き継ぐ形となっています。引き継ぐ形になってはいますが，これまでの目標や内容が新たに整理し直されています。そのほか，「見方・考え方」が示されたり，領域ごとの目標が示されたりと，これまでの外国語活動とは異なる点もあります。本章では，新しく書き加えられた点を中心に，新学習指導要領（外国語活動）を読み解いていきます。

1. 育成を目指す資質・能力の明確化

　新学習指導要領では，育成を目指す資質・能力として，「知識及び技能」，「思考力，判断力，表現力等」，「学びに向かう力，人間性等」が示されています。この3つの資質・能力は，すべての教科・領域・校種に共通しており，教育課程全体を通して育成することが求められています。外国語活動においても，この3つの柱で目標や内容を整理しています。

　改訂前の外国語活動の目標も3つの柱で構成されていました。それは，「言語や文化についての体験的な理解」，「積極的にコミュニケーションを図ろうとする態度」，「外国語への慣れ親しみ」です。この3つの柱は，改訂後の「知識及び技能」，「学びに向かう力，人間性等」に引き継がれています。つまり，新学習指導要領で目標として新しく加わったのは，「思考力，判断力，表現力等」です。これらは，改訂前の学習指導要領においては，「理解の能力」，「表現の能力」と関連して位置づけられていました。たとえば，発表の際に，「相手が理解しやすいように内容の構成を考える」

ことなどが，それらの要素と考えられていました。しかし，新学習指導要領において
は「思考力，判断力，表現力等」は「知識及び技能」と一体的に育成されるとしなが
らも，目標として独立して示されました。このことから，より一層，「思考力，判断
力，表現力等」を育む指導が求められていることがわかります。

2. 構成の変更

　改訂前の学習指導要領では，外国語活動の目標と内容だけが示されていました。し
かし，改訂後はまず1つ目に外国語の目標が示され，2つ目に各言語（英語）の目標およ
び内容が示されています。これは，外国語は必修ではありますが，どの外国語を選択
するかはそれぞれの学校に任せられているからです。文部科学省の調査（平成26年）
によると，実際に英語以外の外国語を教えている中学校は全国に23校（公立2校，私
立21校），高等学校は708校（公立512校，私立194校，国立2校）あります。英語を
選択することを原則としながらも，学校の創設の趣旨や地域の実状，児童の実態など
によって，英語以外の外国語を取り扱うこともできることになっているのです。（「小
学校学習指導要領解説（以降，「解説書」とする）：外国語活動編，平成29年，p.48）
　そこで，新学習指導要領では外国語の目標を示し，そして外国語の中から英語を選
択する場合は，「英語」という特質を踏まえて目標や内容が示される構成となっていま
す。小学校中学年の外国語活動は教科としての位置づけではありませんが，今回の外
国語活動においては，構成を同様にすることによって，小学校高学年，中学校，高等
学校へと続く外国語教育の一貫性をより強く打ち出そうという意図がうかがえます。
　英語の目標としては，後述するように，領域ごとの目標が示されています。また，
内容としては，「知識及び技能」，「思考力，判断力，表現力等」，「言語活動」などが
示されています。改訂前と比べると，新学習指導要領にはより詳細に目標や内容が示
され，解説書にはほとんどの項目に小学校高学年の外国語科，中学校の外国語科との
関連が示されています。このことからも，外国語教育が一貫性をもって行われること
が期待されていることがわかります。新学習指導要領の構成を理解し，目標や内容，
さらに高学年の外国語科とも関連づけながら読み込んでいくことが，新学習指導要領
のより深い理解につながっていきます。

3. 外国語によるコミュニケーションにおける見方・考え方

　今回の改訂で，各教科などの特質に応じた物事を捉える視点として新しく書き加え
られたものが，「見方・考え方」です。資質・能力の3つの柱が活用・発揮され，その

解説編　外国語活動で知りたいこと　　**7**

過程で鍛えられていくのが「見方・考え方」であるとされています。解説書では、「外国語で表現し伝え合うため、外国語やその背景にある文化を、社会や世界、他者との関わりに着目して捉え、コミュニケーションを行う目的や場面、状況等に応じて、情報を整理しながら考えなどを形成し、再構築すること」と定義されています。また、小学校における外国語教育においては、そのうち、「外国語やその背景にある文化を、社会や世界、他者との関わりに着目して捉える」点を重視すべきと述べています。つまり、正確な文法や音声で表現したり、情報や自分の考えを形成、整理、再構成することよりも、どちらかと言うと、世界にはさまざまな言語や文化があり、外国語やその背景にある文化を理解したりするなどして相手に十分に配慮したりすることが重要であるということです。(「解説書：外国語編」pp.9-10，「解説書：外国語活動編」pp.8-10)

中学年の児童は、外国語活動で初めて外国語に出会います。外国語を使うことによって、母語を用いたコミュニケーションでは意識されなかったことが意識されるようになります。そして、相手の発する外国語を注意深く聞いて、何とかして相手の思いを理解しようとしたり、何とかして相手に自分の思いを伝えようとしたりする経験をすることになります。そのことを通して、日本語を含む言語でコミュニケーションを図る難しさや大切さを改めて感じることになります。そして、その経験が言語への興味・関心を高めることにもつながっていきます。(「解説書：外国語活動編」p.9)

改訂前の外国語活動の解説書においても、「現代の子どもたちが、自分の感情や思いを表現したり、他者のそれを受け止めたりするための語彙や表現力及び理解力に乏しいことにより、他者とのコミュニケーションが図れないケースが見られることなどからも、コミュニケーションを図ろうとする態度の育成が必要である」(「解説書（平成20年）：外国語活動編」p.9)とされています。つまり、「見方・考え方」は、外国語活動が広い意味でのコミュニケーション能力の育成に資するものである、という考え方を受け継いでいることがわかります。もちろん、小学校高学年や中学校、高等学校へと学習段階が進むにつれて、「見方・考え方」における重点の置きどころも変わっていきます。

4. 「主体的・対話的で深い学び」の実現に向けた授業改善

新学習指導要領においては、「主体的・対話的で深い学びの実現に向けた授業改善」という項目が「指導計画作成上の配慮事項」として、外国語活動（中学年）および外国語科（高学年）、中学校の外国語科で示されています。これまでも「主体的な学び」や、「探究型の学び」を実践してきましたが、これをさらに進め、「深い学び」に結び

つくような授業改善を進めることが求められています。

　外国語活動においても，その特質を踏まえ，「主体的・対話的で深い学び」を展開できるように配慮する必要があります。たとえば，主体的な学習が行われるように，学習者自らが学習の見通しを立てたり，学習計画を立てたり，また，学習をふり返ったりする場面などを設定することが大切になってきます。また，自分の考えなどを広げたり深めたりするためには，1人で学習するのではなく，対話を通して学んでいく場面を設定することが必要となります。最終的には，「主体的な学び」，「対話的な学び」を通して，学びの質，つまり，「深い学び」がつくり出されなければなりません。

　「対話的な学び」とは，いわゆる面と向かっての「対話」のみを指しているわけではありません。『小学校外国語活動・外国語 研修ガイドブック』（文部科学省，平成29年，p.156）では，「書かれたもの（絵本など）を読んで社会や世界について知ったり，他者の考え方を学んだり，自らの考えを深めたりすることも，対話的な学びである」としています。

　外国語活動の特徴としては，聞いたり話したりすることが中心になることから，教師と児童，児童と児童，児童とALTや地域の人材などとの「対話」を通して学びを深めていくことになります。これまでの外国語活動は，どちらかと言うと「事実のやり取り」に終わることが多かったのですが，今後は，「事実のやり取り」のみに終わることなく，「対話」を通して自らの知識（言語的な知識を含む）が広がったり，考えが深められたりするように「対話」の質を高めていかなければなりません。

5.　英語の目標や内容がより具体的，詳細に

(1) 目標

　改訂前の外国語活動では，領域ごとの目標を設定していませんでしたが，改訂後は「聞く」，「話す［やり取り］」，「話す［発表］」の3つの領域で目標が設定されています。高学年以降の外国語科においては，この3つに「読む」，「書く」の2領域が追加され，5領域となっています。

　領域別の目標は，英語を使って何ができるようになるかという観点から，小・中・高等学校を通じて育成しようとする資質・能力が具体的に示されています。ちなみに，新学習指導要領には，「目標」や「言語材料」などが学校段階ごとに一目でわかる「学校段階別一覧表」が付いています。このような「学校段階別一覧表」は改訂前の外国語活動や中学校，高等学校の学習指導要領には付いていませんでした。新学習指導要領が，外国語教育の一貫性をより重視していることが，このことによってもわかります。

解説編　外国語活動で知りたいこと　　**9**

また，新学習指導要領は「学びの地図」としての役割を担うことが期待されています。「学校段階別一覧表」は，旅行のときの「地図」のように，目的地へ向かうための詳細な道筋を示しているとも言えます。この一覧表を活用することによって，これまで指摘されていた「学校段階ごとの連結がうまくいっていない」という課題に，いくらかでも応えることができるのではないかと期待されます。

話すことに「やり取り」が導入された背景としては，新学習指導要領の目標設定において，CEFR（ヨーロッパ言語共通参照枠）を参考としたことがあげられます。CEFRでは「やり取り（interaction）」をコミュニケーションにおける中枢的な役割を果たすものとして捉えています。日常のコミュニケーションにおいては，一方的に話すことは稀で，話者どうしが「聞いたり」「話したり」することを交互に行います。言語習得の観点からも「やり取り」の重要性が認められており，新学習指導要領において，「やり取り」が取り入れられた意義は大きいと言えます。

(2) 内容

内容に関しては「知識及び技能」と「思考力，判断力，表現力等」の2つで示されています。ただし，この2つは「学びに向かう力，人間性等」とともに，相まって育成される必要があることを忘れてはなりません。「知識及び技能」だけを取り出して，ほかの2つとは関係なく指導することは求められていませんし，望ましいことでもありません。なぜなら，「知識及び技能」は「思考力，判断力，表現力等」を伴って活用されて，初めて意味のあるものとなるからです。また，これらの活動は自ら学習に取り組み，それを実生活に生かそうとする「学びに向かう力，人間性等」などと相互に関連し合いながら育成することが大切です。

「知識及び技能」として示されたものは，前述したように，改訂前の外国語活動をほぼ引き継いだものとなっています。また，目標としては，「思考力，判断力，表現力等」が新しく設定されましたので，「思考力，判断力，表現力等」の内容も示されています。

6. 領域ごとの目標

(1) 聞くこと

> **ア** ゆっくりはっきりと話された際に，自分のことや身の回りの物を表す簡単な語句を聞き取るようにする。
>
> **イ** ゆっくりはっきりと話された際に，身近で簡単な事柄に関する基本的な表現の意味が分かるようにする。

> **ウ** 文字の読み方が発音されるのを聞いた際に，どの文字であるかが分かるよう
> にする。

❶ 聞き取る英語

　前述したとおり，改訂前の外国語活動と比べて目標が具体的に示されています。聞き取る英語はどのような英語かと言うと，「ゆっくりはっきり話された英語」であることがわかります。中学校では「ゆっくり」が外されて「はっきり話された英語」となります。つまり，「自然な速さの英語」と言うように段階が上がっていきます。

　では，何を聞き取るかと言うと，「自分のことや身の回りの物を表す簡単な語句などを聞き取る」ことから始めて，次の段階で，「身近で簡単な事柄に関する基本的な表現を聞き取る」ことになります。具体例で示すと，初めは a dog や a white dog などを聞き取り，次に I like dogs. という表現などを聞き取ることになります。

❷ 文字

　「文字の読み方」の「文字」と言うのは，英語の活字体の大文字，小文字のことであり，単語のことではありません。また，「読み方」というのは，文字の名称（Aは/éi/と発音する，Bは/bíː/と発音する）の読み方のことです。「名称読み」と言うこともあります。

　高学年の外国語科においては，「名称読み」のほかに，文字には「音」があることを指導することになっています。たとえば，アルファベットのcには，/síː/という文字の「名称」の読み方がありますが，cには/s/（例：city）という音や，/k/（例：cap）という音もあります。文字には「音」があるということがわかった児童は，たとえば，catという単語を見たときに，cは/k/という音であることを思い出し，catの発音を推測して，それが「猫」であることがわかるようになります。ただし，「発音と綴り」との関係を指導することまでは求めていません。それは中学校での指導事項となっています。高学年の外国語科において求められることは，「語の中で用いられる場合の文字が示す音の読み方」を指導することであり，文字が組み合わされてつくり出す「発音と綴り」の関係の指導までは求めていません。したがって，小学校では極めて限定的な文字と音の指導であることがわかります。児童の負担とならないように，基本的な語句に限定して，特に語頭音に注目しながら「文字の音の読み方」がわかるようになることを目指すことになります。

　中学年の外国語活動で求められることは，あくまでも，アルファベットの「名称を表す発音」を聞いて，その文字が認識できるようになることです。授業を参観すると，アルファベットを順序よく言えても，順序をばらばらにすると言えない場面が見受けられます。これでは文字を認識したことにはなりません。たとえば，指導者が読み上

解説編　外国語活動で知りたいこと　**11**

げたアルファベットの発音を聞いて，バラバラに置かれたアルファベットの大文字および小文字のカードを指さすことができるようになることが求められています。

(2) 話すこと[やり取り]

> **ア** 基本的な表現を用いて挨拶，感謝，簡単な指示をしたり，それらに応じたりするようにする。
>
> **イ** 自分のことや身の回りの物について，動作を交えながら，自分の考えや気持ちなどを，簡単な語句や基本的な表現を用いて伝え合うようにする。
>
> **ウ** サポートを受けて，自分や相手のこと及び身の回りの物に関する事柄について，簡単な語句や基本的な表現を用いて質問をしたり質問に答えたりするようにする。

アでは，「挨拶，感謝，簡単な指示」などの「やり取り」を目指すことになります。"How are you?"の問いかけに対して，"I'm fine, thank you."と応じることなどが求められています。また，イでは「自分のことや身の回りの物」について「やり取り」を行うことになります。たとえば，"I like soccer. How about you?"の問いかけに対して，"I like soccer, too."などと対応できることです。ウでは，サッカーは好きではなく，卓球が好きな児童が，"I don't like soccer. I like..."までは言えたのですが，卓球を英語で何と言うのかわからない場合に，指導者やほかの児童のサポートを受けて，"I like table tennis."と応答することができるようになることを指しています。

中学年の外国語活動では，簡単なあいさつや感謝のことばを交わしたり，相手の好きなスポーツや食べものなどをたずね合ったりすることで，コミュニケーションの楽しさを体験させることが大切です。しかしながら，英語に初めて触れる段階であることを考えると，「話すこと」に抵抗感を持つ児童もいます。そのような児童に対しては，適切なサポートを行うことが必要です。

また，覚えたことを機械的に言うのではなく，「自分の考えや気持ちなど」を言うことが大切です。たとえば，先の例で言えば「卓球」という単語を，指導者やほかの児童のサポートを受けながら伝えることによって，新たな語彙や表現を獲得することになり，コミュニケーションへの意欲を高めることにもなります。

(3) 話すこと[発表]

> **ア** 身の回りの物について，人前で実物などを見せながら，簡単な語句や基本的な表現を用いて話すようにする。
>
> **イ** 自分のことについて，人前で実物などを見せながら，簡単な語句や基本的な

表現を用いて話すようにする。

ウ 日常生活に関する身近で簡単な事柄について，人前で実物などを見せながら，自分の考えや気持ちなどを，簡単な語句や基本的な表現を用いて話すようにする。

❶ 何を話すか

まず，「何を話すか」という点で考えると，「身の回りの物」「自分のこと」「日常生活に関する身近で簡単なこと」を話すことになります。たとえば，文部科学省が示した第3学年 外国語活動 活動例〔案・暫定版〕（平成29年9月21日）を見ると，Unit 4の単元目標は「相手に伝わるように工夫しながら自分の好みを紹介しようとする」となっています。身の回りの物ですから，たとえば，crayon などを取り上げて，"I have five crayons. Red, brown, green, pink, and white. I like pink very much." 程度のことを話すようにすることが求められていると考えられます。同資料第4学年の Unit 8においては，単元目標として「相手に配慮しながら，自分が気に入っている場所について，自分の考えも含めて伝えようとする」と示されています。児童にとって身近な場所である学校の教室を取り上げ，教室の写真を見せながら，"This is the music room. I like music very much." などと話すようにすることができるとよいでしょう。

❷ だれに話すか

また，「話す相手」はだれかと言うと「人前」となっています。「人前」と言うと，「多くの聴衆がいる前で」と言うように連想しがちですが，最大でも「学級全体の前で」が通常の状況であり，ペアやグループの中での発表も含まれると考えるとよいでしょう。当然，話す相手は「学級内」の慣れ親しんだ友だちの場合が多いでしょう。

❸ どんな英語を使うか

最後に，「使う英語は何か」と言うと，簡単な語句や基本的な表現となります。話す前に，十分に耳で慣れ親しんでいることが前提となります。聞いたこともないような語句や表現を「発表」だからといって，無理に使わせるのは児童に負担を強いるばかりで，この段階では適切ではありません。

7. 高学年の「読む・書く」との関連

高学年の外国語科においては，「読む・書く」が導入されます。高学年の「読む・書く」の前提となっているのは，音声で十分に慣れ親しんだ「大文字，小文字，語句や表現」となっています。したがって，中学年の外国語活動においては，「読む・書

く」の指導を焦らず、「聞く・話す」活動を十分に行うことが大切です。

日本語の「読む・書く」の学習においても、たとえば、児童が聞いて意味のわからない「そしょう（訴訟）」などの語を、「ひらがな」で読ませたり、書かせたりすることはありません。児童にとって発音ができ、意味のわかる語、たとえば、「やま（山）」や「かわ（川）」などの語を取り上げてから、「読んだり、書いたり」する学習に入るのが自然です。したがって、外国語における「読む・書く」についても、耳で聞いてどの「文字」であるか、どの「語句」であるか、どの「表現」であるかがわかって初めて「読むこと」、「書くこと」の活動に入ることができます。外国語活動では、十分に音声に慣れ親しませ、語や語句、表現などの意味を、音声を通して十分に理解させることが大切です。

8.「知識及び技能」について

「知識及び技能」は、「コミュニケーションに関する事項」と「言語や文化に関する事項」の2つで構成されています。「コミュニケーションに関する事項」としては「言語を用いて主体的にコミュニケーションを図ることの楽しさや大切さを知ること」、また、「言語と文化に関する事項」としては「（ア）英語の音声やリズムなどに慣れ親しむとともに、日本語との違いを知り、言葉の面白さや豊かさに気付くこと」、「（イ）日本と外国との生活や習慣、行事などの違いを知り、多様な考え方があることに気付くこと」、「（ウ）異なる文化をもつ人々との交流などを体験し、文化等に対する理解を深めること」となっています。

児童にとっては初めて学ぶ外国語であるため、戸惑うことも多いと思いますが、だからこそ相手に伝わったときの達成感やうれしさも大きいものと思います。また、英語に触れることで、日本語を改めて見直し、ことばへの興味や関心も喚起されることになります。

「異なる文化をもつ人々との交流など」においては、当然、（ア）や（イ）で述べられていることも体験的に理解することになります。しかし、初めて外国語を学ぶ児童にとっては、表現力も限られています。（ウ）の後半で述べられているように、異なる文化の人々の衣装や、日常生活を切り取った写真なども見ながら、自分の文化を含め広い意味で「文化等に対する理解を深める」ことが大切となってきます。

9.「思考力，判断力，表現力等」について

「思考力，判断力，表現力等」については、「情報を整理しながら考えなどを形成し、

英語で表現したり，伝え合ったりすることに関する事項」として，「ア 自分のことや身近で簡単な事柄について，簡単な語句や基本的な表現を使って，相手に配慮しながら，伝え合うこと」，「イ 身近で簡単な事柄について，自分の考えや気持ちなどが伝わるよう，工夫して質問したり質問に答えたりすること」と示されています。改訂前の外国語活動と異なる点は，（ア）の「相手に配慮しながら」というところです。コミュニケーションは双方向の「やり取り」です。目の前にいる相手の反応を確かめたりしながら「やり取り」していくことが求められています。また，（イ）の「自分の考えや気持ちなどが伝わるよう，工夫して」というところも大切な点です。ただ質問したり，答えたりするのではなく，「どのようにしたら，うまく伝えられるだろうか」ということを考えることになります。ゆっくり話したり，くり返したり，また，ジェスチャーなどを駆使するのも1つの方法になります。

10. そのほかの配慮事項

　新学習指導要領では「言語活動」に関する事項が示されており，解説書においては，先にあげた領域別の目標をどのような言語活動を通して行えばよいのかが示されています。これまで述べたことと併せて「言語活動」の事項を参照されると，より理解が深まるものと思います。

　また，「指導計画の作成上の配慮事項」として，「普段，友達に対してあまり問わないような内容でも，外国語活動においては，友達とやり取りをすることを通して，友達や自分のよさを再確認することで，他者理解や自尊感情などを高めていくことにつながる。このような友達や身近な人との体験的なコミュニケーションを通して，児童はコミュニケーションを図る楽しさを体験するとともに，高学年の外国語科に向けてのコミュニケーションを図る素地を養うことが可能になる。」（「解説書：外国語活動編」p.39）」と記述されています。このことは，改訂前の外国語活動においても大切にされてきたことです。ほかの教科で代わって実施することができない内容となっています。改訂前の外国語活動のよさを引き継ぎ，新しく加わった内容を取り入れながら，新しい外国語活動を創造していくことが大切となります。

（大城 賢）

2 小学校外国語活動の基礎と実践
―新学習指導要領を踏まえて―

1. 初めての外国語との出会い

これからの子どもたちは，小学校3年生で初めて外国語に出会うことになります。ぜひ先生方には，その出会いを子どもたちにとって新鮮なものにしていただきたいと思います。スポーツにしろ，音楽にしろ，子どもに最初に何をどのように教えるかは，それからの学び方，楽しみ方を左右する大切なことです。同じように，外国語の世界での初体験をどのように演出するかによって，子どものそれからの外国語とのつきあい方や楽しみ方の方向が変わってくるものと思われます。

2. 外国語活動の目標

現行の学習指導要領における外国語活動の目標は，「言語・文化の体験的理解」，「積極的にコミュニケーションを図ろうとする態度」，「慣れ親しみ」の3観点でしたが，新学習指導要領における外国語活動は，「知識及び技能」，「思考力，判断力，表現力等」，「学びに向かう力，人間性等」の3観点で目標が整理されました。

新学習指導要領における中学年の外国語活動は，「知識及び技能」に関しては従来と同様に「慣れ親しみ」を中心としながらも，聞くこと，話すこと［やり取り］，話すこと［発表］の3領域の目標や言語活動の具体例が示されるなど，やや踏み込んだ内容を指導することを求めています。ただし3・4年生の外国語活動は，教科となる5・6年生の外国語ほどには系統的指導や習得を前提とした指導が行われず，コミュニケーションを図るための能力や態度の「素地」を育てることを目指すことになります。

(1) 伝え合うための素地とは

コミュニケーションを図るための「素地」とは，外国語活動においてよく話題にのぼることばですが，高学年におけるコミュニケーションを図るための「基礎」とはニュアンスが異なります。「素地」は，「基礎」ほどには習得を求めず，初歩の外国語に触れて親しむ意味合いがあります。高学年ではより覚える要素が加わってきますが，それ以前の中学年では，たっぷりと間違ってもよいという包容感の中で初めて習う外国語で伝え合い，その醍醐味と新鮮さを子どもたちに感じてもらうことにより，その

後の英語学習を下支えしていく前向きさや持続力を与えることになります。

　中学年の外国語活動では，先生方には，ぜひとも外国語との出会いの機会を演出していただきたいと思います。これまでの英語学習の見方・考え方では，どちらかと言うと，英語は1つひとつ単語や文を正しく覚えていかなくてはならないという緊張感や義務感が優勢でした。しかし，これからの外国語との出会いは，音声で外国語を使って通じ合うという，新しいチャンネルでの他者との関わりの新鮮さを感じる体験，わくわく感，どきどき感あふれる出会いにしたいものです。そうした出会いを与えることこそが，中学年から始まる外国語活動の基底に流れるべきものではないかと思います。そうした次元の違う原体験は，生涯にわたる外国語への前向きさや持続力を与えるだけでなく，小学校教育全体で目指す，人と関わる力や心を育てる教育にもつながっていくものと思われます。

(2)「慣れ親しみ」とは

　「慣れ親しみ」ということばも，学習指導要領などではよく見かけることばですが，英語の表現や語彙を「習得させる」「定着させる」という域までの指導をしなくてもよい場合によく用いられます。中学年の外国語活動では，目標において，「外国語の音声や基本的な表現に慣れ親しむようにする」と述べているように，くり返し音声で英語表現や語彙に触れながらも，定着するまで徹底させなくともよいという，寛容なめあてと言ってよいでしょう。そうした寛容さの背景には，外国語との初めての出会いであるという配慮とともに，指導に確保できる時間数の制限も影響しているものと思われます。新学習指導要領が2020年に実施される際には，外国語活動に35時間が充てられますが，これは多くの場合，週に1回の授業ということになり，外国語の学びは限定的にならざるを得ません。高いレベルの定着は望めないものの，できるだけ慣れ親しみが進むように，授業を工夫することが必要です。

(3) 思考力・判断力・表現力をめぐって

　新学習指導要領では，「知識及び技能」，「思考力，判断力，表現力等」，「学びに向かう力，人間性等」の3つの観点が設定されています。このたびは，これら3つを一体的に身につけさせることが目指されていますが，とりわけ2番目の「思考力，判断力，表現力等」を伸ばすための授業の構想が重要になってくると思われます。この2番目の観点が含む力は広汎なものですが，とりわけ外国語活動に関しては，「具体的な課題等を設定し，コミュニケーションを行う目的や場面，状況などに応じて，情報や考えなどを表現することを通して，身近で簡単な事柄について，外国語で聞いたり話したりして自分の考えや気持ちなどを伝え合う力の素地を養うこと」（小学校学習指導要領解説：外国語活動編，p.8）とされています。ここには，伝える方法と内容という2つの要素が含まれていますが，誰に，なぜ，どうやって伝えるのかという

方法を指導すると同時に，伝えたい自分の考えや気持ちをいかに掘り起こすか，相手の考えや気持ちを知りたいという気持ちをいかに高めるかも重要になってきます。

　その際に教師が意識すべきことは，自己関連性です。人に言わされるのではなく，自分の立場で，自分で考えたことを表現する機会を多くすることです。みなさんが過去に受けてこられた英語の授業で，自ら英語を使う機会はどのくらいあったでしょうか。外国語活動では，できるだけ自己関連性の高い題材や話題を扱うことが重要です。子どもたちの身近な題材に関わる表現や語彙を学ぶことで，英語が子どもたちの心にしみ込みやすくなります。たとえば，運動会が近くなればスポーツの話題や単語（baseball, dodgeball, volleyball など）を扱ったり，理科で虫について学んでいれば虫についての単語を外国語活動で扱ったりすると，それらは子どもたちにとってはまさに旬のトピックであり，自己関連性が高くなります。

　学習指導要領の3観点に沿って言うと，教師は，必要となる表現方法を「知識及び技能」として与え，伝えたい・知りたいという動機づけを高めながら，場面や目的，相手に応じて伝え方を工夫させるわけです。その中でも，とりわけ，伝えたい・知りたいという動機づけを高めるという部分が大切です。そのためには，自己関連性を大切にした伝達意欲の掘り起こしが，外国語活動ではきわめて重要な要素となってきます。自己関連性は，コミュニケーションの根幹にも関わる重要なポイントで，自分が何らかの形で関心を抱く話題や題材だからこそ，話したり聞いたりする動機づけが生まれてくるのです。

3. 中学年の発達段階と外国語

　高学年になると自己肯定感が低下したり，他者からの評価を気にする傾向が見られたりして，外国語を使っての活動を仕組むのが難しいことがありますが，中学年はまだ積極的に外国語を使ってみることをいとわない年頃です。また中学年は，低学年に比して学習への集中力が高くなり，さらには外国語の音声への柔軟さや敏感さも持ち合わせています。これらのことは，中学年が外国語の授業にとって適した発達段階であることを意味しています。

　中学年の発達段階では，文法を意識的に学習して英語を学ぶことは適しておらず，より体感的な活動（動作化，劇化，リズム，メロディーなどを伴った活動）を多用して，英語表現をくり返し言ったり聞いたりして，音声を中心に授業を進めることが大切です。

　次に，外国語活動の授業のあり方について，基本的なポイントを考えていきたいと

思います。

(1) 具体的な言語使用場面で

英語の授業では，英語という言語を学ぶわけですが，英語を何度もリピートするだけで習得できるかと言うと，そうではありません。重要なのは，音としてのことばとその意味のつながりを，具体性のあるやり取りや場面を通じて，くり返して学ぶことです。意味がわからないまま何度英語を唱えても，習得には結びつかないということです。中学年の英語指導では，とりわけこの具体性を大切にしたいものです。その意味で外国語活動では，以下の2つのことを意識するとよいでしょう。

1）Here and now（今，ここにあるもの，こと）

2）You and me（目の前の相手と自分との間で）

中学年の児童は，遠い場所より自分の身の回り，未来や過去より今現在，不特定多数の人より目の前の相手との関係，がそれぞれ想像しやすいでしょう。こうした，目の前の今わかることについて，ことばをやり取りする場面を設定することが大切です。

(2) 唱えるだけの英語授業に終わらないように

英語の学びにはくり返すことが大切だと言われます。しかし，唱えることばかりに終始することはあまり有益ではなく，むしろ英語の習得に障害となるのではないかとも言われています。意味や場面を意識しない状態でことばをくり返しても，効果は薄いということです。

英語の表現や単語をリピートすることばかりせずに，ペアやグループでリラックスした雰囲気の中で，「自分で，自分の立場から」英語を使って伝え合う機会を意識的に授業の中で増やしていくべきです。「自分で，自分の立場から」とは，受動的ではなく自己責任を帯びた言語使用を大切にするということです。自分に関わりがあることについて，自分ひとりで英語を発話したり理解したりする機会を何度体験したかで，ことばの習得は決まってくるということです。たとえばホームステイ先の家庭で，"What would you like to drink?" と飲みものをたずねられる場面があったとします。その際，もちろんたずねられているのはあなたのみです。当然，あなたが答えなくてはなりません。教室のように，絵カードも選択肢もありません。自分で自分が飲みたいものを考えて，そのことばが伝わるように，英語らしい発音で"Can I have coffee, please?" などと言わなくてはなりません。そうして誰も代わってくれない場面で，自分だけで英語を使って意志を伝えるわけです。そのような体験を何度もすることにより，外国語の習得は徐々に自分のものになっていきます。子どもに初めからそういった緊張場面を体験させるべきという意味ではありませんが，ペアやグループで気軽な雰囲気の中で，「自分で，自分の立場から」英語を使う体験を少し

ずつ積み重ねていくことが重要なのです。

(3) 音声を中心に指導すること

たとえば，"Where is the station?" という文を指導する際に，子どもたちにどのように導入するでしょうか。小学生に最もふさわしくない教え方は，いきなり板書して，"Where is the station?" と書き，意味の説明をし，文字を読ませながらリピートさせる方法，さらには，そのあとすぐに活動に突入するというパターンです。

子どもに合った教え方としては，まずは "Where is the station?" という文を，誰が，どんな目的・場面で，誰にたずねているのか，しっかり子どもがわかるようにデモンストレーションや場面を見せてから，その立場になって言ってみるなどの方法が考えられます。

上のような「いきなり読ませる」，「リピートして，即活動」という方法は，中学校以降の英語学習ではよく見られますが，小学校の英語の授業でも少なからず同じような場面を見ることがあります。文字提示に頼る指導方法は，子どもたちには実は厳しいものである可能性があるのに，なぜそうした教え方をしてしまう先生がいるのでしょうか。それは，文字を使って教えると，指導者がたいへん楽だからです。言うべき文を書いておけば，子どもたちはそれを見て言えるはず。しっかり音だけで覚えていなくとも，なんとか文字を手掛かりに言えるだろうと考えるわけです。しかし，問題は，子どもたちは文字をすらすらと読めるのかということです。英語をすでに読み書きできる大人の感覚で，安易に子どもも文字が読めると考えることは，大きな誤りです。読みの力は，高学年になって少しずつ，音声的に十分に慣れた表現・語彙について積み上げていくものです。活動の際に，文字の手がかりを示してはいけないということではありませんが，「いきなり読ませる」ことがないように，「文字を読まないと発表できない」指導にならないように，ぜひ音声を中心として，ジェスチャーや絵などの具体的な意味の手がかりを豊富に示しながら，指導を進めたいものです。

実は小学校外国語活動では，平成29年に新学習指導要領が公示される以前から，文字を指導することがかなり自制的に行われてきました。一種，読み書きの指導は，

タブー視されてきたと言ってもよいでしょう。そのことへの批判もあり，見直しもされてきました。しかし，そうした文字指導の自制のおかげで，小学校での外国語活動の指導においては，中学校の前倒しではなく，児童の発達段階に合った「音声中心の指導」が実践されてきたというプラスの効果があったと思われます。

外国語活動における文字の指導については，新旧どちらの学習指導要領においても，児童の負担にならないようにという方針があり，これまで多くの先生が音声だけで英語を教える指導技術を身につける努力をしてきました。具体物やジェスチャー，絵などを多用して，わかりやすく英語を教える実践の工夫が広がってきたと思われます。ぜひ，これまでのそうした，「文字提示に依存しない」，小学校ならではの音声中心の指導方法を大切にしてもらいたいと思います。とりわけ中学年の外国語活動では，子どもたちの音声への柔軟さを生かすためにも，なお一層，音声中心の指導技術を身につけてもらいたいと思います。

(4) かたまりで覚える英語表現

英語の文を聞くとき，子どもにはどのように聞こえているのでしょうか。次の文は，子どもに英文を聞かせて，いくつの単語でできているかを答えてもらったものです。

	I	have a	sister.		What color	do you	like?
	①アイ	②ハバ	③シスター		①ワッカラ	②デュー	③ライク

（注：児童に対しては英語授業でのカタカナ表記は望ましくありませんが，わかりやすさのためにあえてカタカナ表記にしています。）

これを見ると，大人の感覚とはかなり異なった聞き方をしていることがわかります。子どもたちは，英文をいくつかの単語のかたまりから成っているととらえているのです。"I have a sister." の "have a" は，「ハバ」と聞こえています。また "What color do you like?" の "What color" が「ワッカラ」に，"do you" が「デュー」に聞こえており，それぞれがかたまりとして認識されています。

このように，英語をかたまりとして覚えて，使うことは，大人からすると大雑把でいい加減なようにも感じますが，むしろこれは子どもたちにとって自然な習得の方法であると言えます。なぜなら，このようにかたまりで覚えることは，記憶に負担がかからないからです。"What color do you like?" という文は，5個の単語から成っており，ばらばらに覚えると記憶するのが大変ですが，「ワッカラ」「デュー」「ライク」だと，3つ記憶するだけで済みます。まとめてかたまりで覚えると，英文は格段に記憶しやすくなるのです。電話番号が，0X0-1234-XXXXなど区切られているのも，同じ理由によるものです。また，"What color do you like?" という文を言うときに，ば

らばらに5個の単語を言おうとすると，言いにくく，また言うのに時間もかかります。

　このように，子どもには英語がどのように聞こえているか，子どもがどのように英語を覚えているかを考えると，教師の話す英語もそれに合わせる必要があります。つまり，教師が英語を話すときもできるだけ，かたまりとして英語を発音する必要があります。ばらばらな単語の羅列ではなく，単語と単語をつなげてなめらかに発音し，かたまりとして子どもたちの耳に届くようにする必要があります。そうすることで子どもの英語習得はより楽に，促進されていきます。

　かたまりで英語を聞かせる，覚えるということに関して付言しておきたいことは，こうした「かたまり」として英語を学ぶ習得方法は，高学年や中学校になっても重要な位置を占めますが，いつまでもまるごと覚える方法だけでは限界が来ます。"I have a sister."を，「アイ　ハバ　シスター」と言っていたのが，もう一人妹が増えたときには，"I have two sisters."となり，もう「ハバ」は使えなくなります。次の文法活用の段階に進むためには，いつまでも「ハバ」では不十分で，まずは"have a"が2つの単語であると認識できなければいけません。そのうえで，haveとaを切り離して，単独でhaveを使い，その後に"two sisters"を付けるのだと学ばなければなりません。

　中学年では，まだまだ「かたまり」として英語を覚えるほうが子どもにとって楽ですが，徐々に学年が上がるにつれ，かたまりの内部が「分析」され，文が単語から成っていることを明確に意識できるようになります。さらに，文の単語を入れ替える経験や文字の提示などにより，徐々に細かい単語から成っているという認識を育てることは，高学年以降にゆだねられることになります。

(5) 語彙について

　中学年のための外国語活動では，語彙の指導を充実させることが大切です。この発達段階だからこそ触れさせておきたい語彙も多く，色，形，動物，虫，食べもの，スポーツ，などの名詞を豊富に与えたいものです。

カテゴリー	語彙
色	black, blue, brown, green, orange, pink, purple, red, white, yellow
形	circle, cross, diamond, heart, rectangle, square, star, triangle
動物	bear, cat, dog, elephant, gorilla, horse, monkey, mouse, panda, pig, sheep, tiger
虫	dragonfly, grasshopper, moth, spider
食べもの	egg, fish, fruit, pizza, salad, hamburger, spaghetti, apple, banana, cherry, carrot, onion, potato, tomato, cake, chocolate, donut, ice cream, popcorn
スポーツ	badminton, baseball, basketball, boxing, cycling, dodgeball, rugby, soccer, volleyball

中学年だからこそ触れさせるべき単語も多くあります。たとえば以下の単語は，どのような意味でしょうか。

1. tadpole　　　6. acorn
2. stag beetle　7. pear
3. mantis　　　8. persimmon
4. snail　　　　9. ambulance
5. hermit crab　10. fire engine

　実はこれらは，日本語ならどの子どもでも知っている単語ですが，大人はその英語をほとんど知りません（答えは脚注参照）。その理由は，私たちが子ども時代にこれらの単語を学ぶ機会がなく，中学校以降でも英語の授業で学ぶことがなかったからであろうと思います。また，そもそも大人になってからでは，これらの単語を覚えたいと思うことも考えにくいことです。中学年の子どもたちは，ちょうどこうした話題に興味がある時期ですので，ぜひその旬をとらえて語彙の指導をしていただきたいと思います。

　次に，語彙の指導について，意外に忘れられがちなのは，動詞や形容詞の指導です。"Jump.","Stand up.","Sit down.","Walk.","Touch your head." などは，先生や子どもが命令を出して，子どもたちが動作するゲームなどを通して親しんでおくとよいでしょう。Simon says ゲームや全身反応教授法（TPR：Total Physical Response）などを使うと，授業の活性化にも役立ちます。さらに形容詞も，表現力を高めるうえでは大切で，big / small, long / short, heavy / light, high / low などの対で，対比して教えるとよいでしょう。

　なお，単語の指導では絵カードを多用すると思いますが，絵カードに文字を示すかどうかという問題があります。3・4年生の外国語活動は，音声中心の技能が目標となっていますので，絵カードは絵だけで文字なしで使用するか，あるいは表記してもそれを積極的に読ませる必要はありません。文字表記は，さりげなく添えておく程度にとどめておくことになります。

　おわりに語彙の指導について付け加えておきたいのは，外来語（カタカナ語）の利用です。中学年の子どもとは言え，すでに日本語で多くの外来語を知っています（トレイン，ジェット，アイスクリーム，パフェ，タイガー，シューズ，ペンシルなど）。

答：1. おたまじゃくし，2. クワガタ，3. カマキリ，4. カタツムリ，5. ヤドカリ，6. どんぐり，7. ナシ，8. カキ，9. 救急車，10. 消防車

英語の語彙は，類似の単語はすぐ意味がわかり，指導に活用することができます。

ただし，外来語について注意すべきは，英語の単語との発音やストレス（強勢）の違いです。外来語を留学生に伝えてみるという実践をしたのちに，ある児童は，次のように述べています。

> カタカナは，外国の人にも伝わると思っていたので，伝わらないのがあって，少しびっくりしました。発音がちがったり，全然言い方がちがったり，など意外とカタカナは伝わらないのもたくさんあるんだなぁと思いました。たとえば，「フライパン」や「ランドセル」とかも，全然言い方がちがいました。

授業実践では，外来語を引き合いに出して，語彙習得を助ける視点がとても有効ですが，このように日本語と英語とでは発音や意味が異なる単語があるということも意識させる必要があります。たとえば，次の単語は，発音やストレスの位置，意味が異なっているものです。

発音が違う単語

ギリシャ Greece	ドイツ Germany
オランダ Holland	エジプト Egypt
ウイルス virus	トンネル tunnel

ストレスの位置が違う単語（英語は下線部分が強い）

チョコレート choc<u>o</u>late	シャンプー shamp<u>oo</u>
オレンジ <u>o</u>range	バナナ ban<u>a</u>na

日本語の外来語とは意味が違ったり，別の単語を使う場合

スーパー supermarket	マンション mansion（大邸宅）
シール sticker	エアコン air conditioner

外来語は，このように発音や意味が異なる場合はありますが，そのまま使っても通じる単語も多く，日本語と英語の違いについての子どもの興味を高めるだけでなく，実際の英語運用の力につながる，格好の素材となります。

(6) 絵本の活用

外国語活動においては，絵本教材が果たす役割は大きいものがあります。絵本は，言語習得のためにとても優れた教材です。その理由は，絵本には言語習得に重要な意味を理解させる手がかりがふんだんに盛り込まれていることです。絵だけでなく，場面や話の展開から意味を推測することも可能です。こうした点から，絵本はリスニ

ングや内容理解のための力を育てる優れた教材であると言えるでしょう。意味理解がやさしいという絵本自体の特性に加えて，さらに教師が理解を促進させる働きかけができることも大きなメリットです。絵本の読み聞かせをする場合には，教師が子どもの理解程度を推しはかりながら，さまざまな手がかりを臨機応変に提供して，理解への支援をすることが可能です。

絵本のよさは，絵本を読み聞かせながら，子どもたちの発話を引き出すことで，表現の習得に結びつけることができるという点です。実際，絵本を読み聞かせると，子どもたちは自発的にことばを発します。「それ知ってるよ！サルが出てくるんだよ！」「青い馬が出てくるんだよ！」など，実に活発に発話します。そうした発話を徐々に，monkey や blue horse などの英語で答えるようにすると，大変自然な英語のやり取りがそこに生まれます。

また，絵本は子どもの動機づけを高めることができる格好の教材です。教室という現実の場に縛られずに，時や場所を越えて，多様な世界や物語を子どもたちの心にくり広げることができます。絵本は，子どもたちの心をひきつける魅力あふれる教材です。

文部科学省からも2つの絵本が補助教材として出されています。動物たちが森の中でかくれんぼをするという "In the Autumn Forest" という3年生用の絵本教材，ある男の子の一日の行動を語った "Good Morning" という4年生用の絵本教材があり，外国語活動に活用することができます。

このほかにも市販の絵本教材は膨大にありますが，すべてが利用可能というわけではなく，中学年に適した絵本の選択が必要です。たとえば，*Brown Bear, Brown Bear, What Do You See?* や *Where's Spot?*，*The Very Hungry Caterpillar* など，言語的に難易度が高くなく，くり返しの多い絵本を選ぶことが大切です。英語表現が難しい場合は，適宜言い換えたり，ジェスチャーを加えるなどの工夫をするとよいでしょう。ALTや専科の先生に相談して，表現の単純化をすることもできます。

絵本の読み聞かせ方法は，意味がわかるようにするために，絵を指さしたり，理解できている子どもの発言を取り上げて全体に還元したり，ジェスチャーを示したりすることが大切です。また，ページをめくるときに，次に何が出るか推測させたり，教師の言う英文のあとを子どもたちに言わせたりなど，さまざまな読みの方法を試すことができます。できるだけ棒読みにならないように，教師は抑揚をつけて，表情豊かに読み聞かせすることが大切です。さらに，子どもとのやり取りを取り入

れると，より有効な読み聞かせとなります。絵について質問したり，子どもの経験を引き出したり，さまざまなやり取りができます。

絵本からの発展的な活動もいろいろと可能です。中学年向きには，通常の読み聞かせ以外に，ハエたたきゲーム（絵本の各シーンを絵カードにして黒板に貼ったり，ワークシートにしたりして，教師の読み聞かせを聞いて，グループあるいは個人で絵を選ぶ）や，ストーリーTPR（グループで配役を決めて，教師がストーリーを英語で言い，それを聞いて子どもたちが演技をする。黙って演技をしてもよいし，やや進んだ段階ではセリフを言いながら演技をする子どもも出てくる），さらには人形劇やドラマにすることも可能です。

4. 先生の英語チャレンジ！

おわりに，これからの小学校教育では，英語の指導が日常的なものとなります。ぜひ英語に対するコンプレックスを乗り越えて，子どもたちと楽しい外国語活動を進めていただきたいと思います。発音や文法，教室英語など，ごく基本的な英語の基礎をぜひ学校ぐるみで高める取り組みを進めていただきたいと思います。

しかし，英語力を高めるといっても，小学校英語に必要な英語力は，一般の資格試験などの高い英語力ではなく，「英語は使えると楽しいよ」と自らの体験や実感から言える心の構えや，小学校英語に必要な，ごく基本的な英語の正しい表現や発音を身につけていることです。高い英語力をつけなくてはならないと自分に過度な要求をするのではなく，それぞれの先生が自分なりに少しずつ英語を使ってみながら，トライしてみれば通ずるのだという自信をつけていくことではないかと思います。

先生方には，英語を使うことにぜひチャレンジしていただき，自分は英語ができないという根拠のない劣等感から一歩踏み出していただければと思います。先生方が英語に向き合う姿は，何よりも，これからの子どもたちが英語とつきあっていくための大きな励ましとなります。

（萬谷 隆一）

基礎編

外国語活動で
気をつけたいこと

1 授業の構成

2 教　材

3 学級担任

4 ゲーム

1 授業の構成の考え方

　外国語活動の授業の中では，児童が積極的に英語に慣れ親しみ，英語を通して人と関わる体験的活動をさせたいものです。そのためには，まず学習のステップを考え，次に単元の順序や単元そのものの流れを考えていきます。その中で，児童が主体的に取り組めるような活動の設定を行うことが大切です。

1. 学習のステップを考えた単元の構成

　単元の最終時に行う活動を「単元のゴール」と考えます。音声を中心に必要な言語材料に慣れ親しみ，主体的に英語で聞いたり話したりしながら最終時の活動に取り組めるように，学習のステップを考えます。

時	学習のステップ	活動内容
第1時	言語材料(単語)を中心に扱う →ここでは活動に必要な単語について知り，チャンツやゲームなどを通して慣れ親しみます。	単語に慣れ親しむ簡単なゲーム (カルタ，ミッシングゲーム，マッチングゲーム(コンセントレーションゲーム)，キーワードゲームなど)
第2時	言語材料(英語表現)を中心に扱う →ここでは活動に必要な英語表現について知り，ゲームを通して慣れ親しみます。	英語表現に慣れ親しむゲーム (ビンゴゲーム，伝言ゲーム，Simon says ゲームなど)
第3時	単元のゴールで必要な会話表現などを扱う	最終時に必要な英語表現をくり返し使うようなゲーム (インタビューゲーム，カード集めゲーム)
第4時 (最終時)	前時までの活動を踏まえて児童が主体的に行うコミュニケーション活動を行う	児童の思いや考えを踏まえたゲームやロールプレイ

＊第2～3時は，児童の実態や扱う英語表現の難易度によって，前時の内容を復習しながら行うこともあります。

2. 1時間の授業の流れ

　単元の目標を達成するために，1時間ごとの授業には「本時の目標」があります。単元の目標を達成するためには，どのような活動を行えばよいか，逆算して考えてみます。1時間の授業は，次のような内容をもとに考えていきます。

(1) 授業の始まり

　授業の始まりのあいさつを担任やALTと行います。外国語活動の始まりに毎時間行うものですから，その英語表現をきちんと決めておくと児童はその表現に自然に慣れ親しむことができます。また，その内容を工夫することで英語表現を増やしていくこともできます。まず，担任とALTがデモンストレーションであいさつの仕方を示しましょう。

例1 　　T : Hello! Good morning, everyone!

　　　　Ss : Good morning!

　　　　T : Nice to see you.

　　　　Ss : Nice to see you, too!

　　　　T : How are you?

　　　　Ss : I'm fine, thank you. And you?

　下線部のやり取りに慣れてきたら，教師対児童全員ではなく，隣の友だちどうしであいさつができるとよいでしょう。クラスルールがきちんとできていれば，教室内を自由に歩いてあいさつさせるのもよいかもしれません。授業が進んで，言語材料のインプットが増えてきたら，次のようなやり取りにチャレンジしてみましょう。

例2 　　T: Let's talk with your friends. Two boys and two girls.

　　　　S1: Hello! How are you?

　　　　S2: I'm great. And you?

　　　　S1: I'm sleepy.

　　　　S2: Are you OK?

　　　　S1: OK. What color do you like?

　　　　S2: I like red. What color do you like?

　　　　S1: I like yellow.

　　　　S2: I see. Bye!

　"How are you?"で相手の気分をたずねたら，必ずその答えにあいづちを入れるように指導するとよいでしょう。ほかに，"Good!"や"Me, too."なども使えます。気分をたずね合ったあとに，既習の言語材料を使った会話も取り入れることで，児童は「友だちと英語で話せた」という自信を持てるようになってきます。

(2) 英語の歌・チャンツ

　楽しい音楽やリズムにのって，英語の音やリズムに慣れ親しみます。外国語活動の授業が始まるウォーミングアップとしても使えます。単元の言語材料に関連する内容のものを活用することがより効果的ですが，適したものがない場合は，児童が取り組みやすそうで，英語の音やリズムを楽しく取り上げている簡単なものを選びます。

基礎編　外国語活動で気をつけたいこと　　**29**

教師が歌詞を細かく説明する必要はありません。「聞こえてくる音声に耳を澄ませて，できるだけまねしてみよう」と声かけをするとよいでしょう。朝の会やクラスの時間など，授業以外の時間でも何度も歌うと，英語の音声への慣れ親しみも深まります。しかし注意すべき点としては，ある程度慣れ親しんでしまうと単調になって児童が飽きてしまうかもしれないということです。そのようなときは，次のような工夫をしてみましょう。

　　○歌声を抜いたカラオケで歌う

　　○アルファベットチャンツや曜日の歌などで，歌詞の順番を入れ替えて歌う

　　○手拍子や振付を入れるなど，体を動かしながら歌う

(3) 中心となる活動

　この部分では，いろいろなスタイルで聞いたり話したりする活動や，十分に慣れ親しんだ英語表現を自分のことばとして主体的に伝え合えるような活動を設定します。単元の進み方でその内容やねらいが大きく変わってきますが，ここではいくつかのねらいに沿った活動例を紹介します。

例1 新しい言語材料と出会い，すすんで聞いたり話したりしながら慣れ親しむ活動

　　・ミッシングゲーム　・マッチングゲーム（コンセントレーションゲーム）

　　・ドンジャンケン　・カルタ　・キーワードゲーム　・伝言ゲーム　など

例2 慣れ親しんだ英語表現を「自分のことば」として伝え合う活動

　　・インタビューゲーム　・カード集めゲーム　・ゴー・フィッシュ

　　・ビンゴゲーム　など

例3 単元のゴールで行う活動を主体的に取り組むための伝え合う練習

　　・インフォメーションギャップゲーム　・デモンストレーション　など

活動の中では次のようなことを約束ごととして入れましょう。

　　○活動の場面では，"Hello!""Thank you."などのあいさつも入れましょう。

　　○インタビューなどで相手が質問に答えたときには，"Me, too."や"I see."などのあいづちを入れましょう。→教師のデモンストレーションでも積極的に児童に見せましょう。

(4) 学習のふり返り

　授業の終わりに，本時の活動についてのふり返りを入れましょう。ここで重要なのは，「できた」「できなかった」ということではなく，授業の中で心に残ったことや英語で伝え合って気づいたことなどをまとめることです。たとえば，次のような項目でふり返りをしてみましょう。

● 英語の道案内のしかたがわかりましたか。			
わかった	だいたいわかった	よくわからなかった	むずかしかった

● 「好きなもの」について友だちにたずねたり答えたりできましたか。			
できた	だいたいできた	少しだけできた	むずかしかった

● 「インタビューゲーム」をして，たのしかったことや不思議に思ったことなどを自由に書きましょう。

　活動の最後のふり返りでは，児童の思いを簡潔にしっかりと残しておきます。ふり返りカードは1単元分を1枚のカードに各時間のものをまとめて作成し，児童が単元の見通しを持ったり，本時のふり返りから次の時間の活動に向けて，めあてを持ったりできるようにして，自己評価の手立てとなるようにしましょう。

(5) 授業のおわり

　授業のおわりには，担任やALTとあいさつをします。ALTが簡単な英語で児童の頑張りをほめたり，担任も短いことばでもよいので英語で児童をほめてみましょう。授業の締めくくりには，たとえば次のような英語表現を使うことを決めておき，児童と自然にやり取りができるようにするとよいでしょう。

例　　**T:** That's all for today! Goodbye!

　　Ss: Goodbye!

　　　T: See you next week.

　　Ss: See you next week! Thank you very much!!

3.　おわりに

　児童が主体的に英語を使って活動できる単元のゴールを，まずは考えてみましょう。「友だちに伝えたい」「友だちの話を聞きたい」という思いが持てる活動です。その活動の実現のために英語表現を十分に慣れ親しませ，「自分のことば」として英語を使う場面を段階的に設定していきます。その中で児童は自信を持ち，失敗を恐れずにくり返して伝え合おうとするようになります。そして担任も児童と同様に英語を使って活動してみましょう。

（鐇田　亜子）

基礎編　外国語活動で気をつけたいこと　　31

2 教材の扱い方

1. 小学校の外国語の授業で用いられる主な教材

　教材（教具を含む）は実に多岐にわたります。一般的によく用いられる絵カードや写真，ワークシート，デジタル教材，CD，絵本のほか，時には実物やぬいぐるみ，パペット人形，地図，チラシ，パンフレットなどを教室に持ち込むこともありますし，教室にある身の回りのものや児童の作品，持ちものまでもが学びを促進する教材になり得ます。さらに最近では，ウェブベースの教材の活用も注目されています。言語活動を充実させながら，児童の主体的・協働的な学びを引き出すためには，これらの多様な教材の中から指導者が何を選択し，授業でどのように扱うかがカギとなります。

2. 教材選びのポイント

(1) ねらいを明確にする

　3・4年生の児童にとって，楽しい活動を体験することはもちろん大切です。しかし，ただ単に楽しそうな活動を組むだけでは授業の目標は達成されません。教材の選定・作成にあたっては，何のための活動を支えるものなのかを明確にとらえておくことが重要です。同じ教材でも活動の目的によって使い方が異なることもあります。

(2) シンプルでわかりやすい

　凝りすぎた教材が児童を混乱させ，授業を停滞させることがある一方で，オーソドックスな教材でも十分にねらいを達成し，児童に大きな学びをもたらすことができます。意図的な場合を除いて，「これは何を表しているの？」「どこに何を書くの？」といった不安を児童に抱かせないよう，わかりやすさを心がけたいものです。あまりに多くを求めすぎて，一度に情報が多すぎるものも避けるべきです。

(3) 簡単に作れてくり返し使える

　負担なく準備できることも大切なポイントです。絵カードの場合，市販の絵カード集などからカラーでプリントアウトしたものをラミネートして作ります。時間がないときは，クリアケースにはさむだけでも絵カードとして使うことが可能です。単元を通してさまざまな場面で使うことができますし，手札サイズに縮小すれば「かるたカード」となり，複数回使うことが可能です。

(4) 時には自作教材を！

　無理のない範囲で，折に触れて手作り教材を使ってみることをおすすめします。とは言っても，手描きで絵カードを作りましょうということではありません。児童の好

きなものを取り上げたり，他教科の学習と関連させたりと，目の前の児童に合った教材を用意するということです。ゼロから作るのではなく，既製のものをアレンジするという発想でよいと思います。校内や地域，職員などの写真や，前年度の児童のスピーチなどを録画した動画など，特に児童の知っている身近な人やもの，場所が登場する教材を使えば，多くの児童の関心を高めることができます。

3. 主な教材の使い方

(1) 絵カード

　絵カードは，音声と意味を結びつける経験をさせるうえで必須の教材と言ってよいでしょう。最も活躍するのは単語の導入や復習の場面です。導入場面では，"dog" という単語を教えるために，教室に本物の犬を連れて来るわけにはいかないので，その代わりに絵を見せながら "dog" という音声を対応させていきます。

　単語を言わせるだけの機械的な練習に終始すると，児童は飽きてくるでしょう。そこで，次のような変化を少しずつ加えて，「聞きたい」「言いたい」状況をつくる仕掛けが必要となります。

❶ 絵の一部を見せる

　絵の大部分を画用紙などで隠して一部だけを見せ，"What's this? Lion? Elephant?" などと何度も単語を聞かせながら児童にたずねます。たとえば動物なら，耳や尻尾，あるいは色がヒントとなり，児童は「あ，わかった！ Rabbit!」などとすぐに答えるでしょう。答えられなかったら，少しずつ見える部分を増やすようにします。

❷ 絵を一瞬見せる

　絵カードを裏面にしておき，パッと表面の絵を見せます。または，絵カードを左右に大きく早く動かし，動体視力を試すような見せ方もあります。いずれも児童が何の絵だろうと考えながら集中して見て，答えを言いたくなるような演出をするわけです。

❸ 絵のヒントを出す

　絵カードを1枚選んで，児童に見えないように持ち，"It's gray. It's very heavy. It has big ears." などと音声中心でヒントを出します。児童は，何の動物か当てるために，よく考えながらヒントを集中して聞くことになります。

❹ 絵と音声の対応を確かめる

　絵カードを見せ，教師がその絵に合う英語を言ったら児童は "Yes." と言い，違う英語を言ったら "No." と言います。この活動は，音声と意味が合致しているかどうかを確かめる機会となります。サルの絵カードを見せたときに，わざと間違えて "Gorilla." と言うと，児童から「Monkey だよ！」という声が上がるはずです。いわゆ

基礎編　外国語活動で気をつけたいこと　　33

る「ボケ」と「ツッコミ」のやり取りを日常的にさり気なく行うようにします。

❺ 絵を意図的に並べて貼る

　絵カードで単語の発音練習をしたあとに，くだものや野菜などのカテゴリーで分類しながら絵カードを黒板に貼っていきます。すると，児童はなぜそのような貼り方をするのかを考えるはずです。貼り方の決まりに気づいた段階で，次の絵カードを児童に貼らせながら，意味やことばのルールに着目させるようにします。

　なお，❶〜❹については，パワーポイントで写真をスライドに貼りつけて，アニメーションなどの機能を用いると，よりテンポよく活動できます。リアルな写真を見せることで児童の興味を喚起するとともに，ことばの意味の理解をより強固にするというねらいもあります。写真印刷のコスト面も考慮できます。

(2) ワークシート

　3・4年生の外国語活動の授業は音声中心で進められるため，受信・発信したことが残らず，流れてしまいがちです。また一斉指導においては，一部のわかった児童に発言させるだけの活動になってしまうことがあります。そこで，1人ひとりの言語活動を保障する場として，ワークシートが活躍します。

❶ 聞き取り用ワークシート

　音声教材を聞き，聞き取ったことをメモしたり，絵と絵を線で結んだりするときに使います。聞く活動は聴覚の情報が中心なので，児童にとっては文字どおり先が見えにくいものです。手がかりとなる絵を載せ，場面や状況を確認する質問をしてみたり，答えを予想してみたりする時間を持つとよいでしょう。

❷ インタビュー用ワークシート

　たずねたり答えたりするインタビュー活動において，相手の答えを書き込む際に使います。注意すべきは，ワークシートに書き込むことに夢中になり，相手を見ていなかったり，日本語でのやり取りになってしまったりして，活動のねらいが達成されなくなる点です。期待する活動ができているのかどうか，児童の動きをしっかり観察し，もしできていなければ活動を一旦止めて軌道修正することも大切です。

(3) デジタル教材

　聞くことがベースとなる外国語活動にとって，音声を豊富に提供してくれるデジタル教材は欠かせないツールです。特に英語に自信がない，ネイティブの英語に触れる機会が少ないという指導者には重宝するでしょう。絵や映像が理解を助けてくれるのもデジタル教材のよさの1つです。「なんとなくわかった」という経験を重ねることは初期の段階でも重要なポイントです。

❶ 音声再生機能

　単語の正しい発音を聞かせたいときや，外来語と英語との違いに気づかせたいとき

34

は，単語の絵をクリックして音声を流すという基本的な機能が便利です。また，まとまった英語を聞く，聞き取りの活動をする前には，まずしっかり聞こうとする気持ちを高めさせることが大切です。これから聞こえてくる内容を推測させ，それが正しいかどうかを聞いて確かめさせるというプロセスを踏むのが効果的でしょう。一度聞いて自信がないときは，"One more time, please." と言わせ，再度聞かせます。聞いて答えを確認したあとには，会話や発表のよさについて気づいたことを共有する時間を持つことが，自らの表現に生かすことにつながります。聞き取れなかった箇所のみを一時停止で聞かせるのも時には有効ですが，始めからあまりこま切れにせず，まとまった英語を聞かせて大意をとろうとする意識を持たせるようにします。

❷ ペン機能

　ペン機能で画面に書き込んで活動の進め方を説明することができます。また，音声を聞かなくても答えがわかる活動では，ペン機能の太字を使って絵や写真の全体または一部を隠し，児童に考えさせることもできます。

❸ 絵カード機能

　データ化された絵カードを選んで，「反転」や「シャッフル」をさせることができます。「発音」ボタンをクリックすれば，音声も流れます。これらの機能を生かせば，アナログの絵カードで行うことの多い「ミッシングゲーム」や「ビンゴゲーム」などの定番ゲームを画面上で行うこともできます。

　デジタル教材は，教材準備の負担を軽減しつつ，楽しい授業づくりに貢献してくれます。しかし，指導者が画面から流れる音声を聞かせ，答えをチェックしているだけの授業では，デジタル教材を生かしきれているとは言えません。外国語活動は，対面コミュニケーションの楽しさを児童に体感させることを目指しています。したがって指導者には，児童と教材の間をつないだり，教材を介して児童どうしがつながりを持つようにしたりする役割が求められます。画面の絵を指し，"What's this?" と児童にたずねながら場面設定を確認することから始めてみてはどうでしょうか。

4.　授業に寄り添った教材を！

　それぞれの教材のよさや特性を生かし，効果的に組み合わせながら，魅力ある授業づくりに努めていきましょう。3・4年生の児童は大変素直です。楽しいときは「楽しい」と，わからないときは「わからない」と実に素直に表現してくれます。そんな児童の反応に寄り添いながら，児童の興味・関心を高められているか，外国語の学びが確実に起こっているかなどを常に点検していく姿勢を持ちたいものです。

（萩野 浩明）

3 学級担任の役割

　外国語活動の授業は，さまざまな指導者によって行われる可能性があります。学級担任が1人で行うことも多いでしょうが，日本人の専科教員が行う場合や，担任がほかの人とティーム・ティーチングを行うこともよくあります。その相手は，ALT，地域に住む英語に堪能なゲスト・ティーチャー，同じ校区（一貫校も含めて）の中学校の英語教師などが考えられます。いずれの場合も，外国語活動の目標や内容，学級の児童のことを熟知している学級担任が，授業の計画や実践に主たる役割を果たすことになると思われます。また，ティーム・ティーチングの場合は，両者がその強みを発揮できる授業となることが望まれます。それぞれの場合に，学級担任がどのような役割を果たすべきか考えてみましょう。

1.　ソロ・ティーチングの場合

　小学生にとって，先生は何でも知っている頼もしい存在です。教師の側からしても，多少の得意不得意はあっても，だいたいどの教科も自信を持って授業を行うことができるでしょう。けれども外国語活動は，研修を受けたりさまざまな書籍を読んだりしたとしても，なかなか授業ができるという自信を持ちにくいのではないでしょうか。その理由として「自分は英語に自信がないからだ」と考える人が多いのではないかと思います。けれども，英語が達者なだけでも外国語活動がうまくいくとは限りません。児童の人間的な成長を強く願い，日々の授業に勤しむ学級担任の使命感や指導スキルは，外国語活動にも必要です。そのような日頃培った資質は，たとえば次のような役割に生かされるのではないでしょうか。

(1) 授業を計画し実践する
　学級担任は，外国語活動の目標や指導内容を理解し，児童の発達段階や興味・関心の対象，1人ひとりの性格や特徴などを熟知しています。また，ほかの教科も指導し，1日中児童と一緒に過ごしています。その膨大な知見を生かして年間計画や学習指導案を作成し，授業を行います。オリジナルの教材を開発したり，他教科で扱ったことを盛り込んだり，実物やICTなどの活用を試みたりすることもあるでしょう。授業の成否の大部分は，この計画の段階にかかっています。自分の学級の児童たちが楽しめることや，興味を持って学習に取り組むであろうことを的確に予測し，それらを授業に仕組むことができるのは，やはり学級担任をおいてほかにいません。
　授業を行う段階でも，学級担任の強みが発揮されます。たとえば，中学年の児童に

36

対する話し方は，大人どうしで会話をするときと違っているはずです。日本語であれ英語であれ，この年頃の児童に合わせた話し方で授業が行われなくてはなりません。そのほか，注意を惹き集中力を保つための声かけや，わかりやすい説明の仕方，絵カードの提示や板書の仕方など，あらゆることが外国語活動の授業にも生かされることでしょう。

　一般的に，小学校の教師は中学校以降の教師よりも，授業において細やかな配慮をしていると言われます。児童のつぶやきをていねいに拾ったり（あるいはどれを拾うべきかを瞬時に判断したり），発表の際にことばに詰まってしまうのをうまく助けたり，黒板に書く文字や掲示物が児童が見てわかりやすいものになるように気をつけたりと，枚挙にいとまがありません。外国語活動の授業にもほかの教科同様このような配慮がなされることが望まれます。

　なお，外国語活動ではテンションを上げ，大きな声で元気に授業をしなくてはならないと思っている先生も少なからずいるようです。楽しいゲームや体を動かす活動が多いので，先生も児童も自ずと声や動作が大きくなったりすることはあるでしょう。しかし，普段落ち着いた雰囲気の授業をしていたり，物静かな性格であったりする場合は無理にハイテンションになる必要はありません。中学年の児童は，先生が煽らなくても元気いっぱいに，大きな声で英語を口にしたり，体中で楽しさを表現したりします。ですから，先生も自分の自然な感情を表すだけでよいでしょう。夢中になりすぎずに，児童を冷静に観察することも必要なはずです。

(2) 英語でコミュニケーションをするモデルとなる

　高学年の外国語活動が始まった頃から，「教師は英語のモデルではなく，英語を使うモデルだ」ということが言われていました。これは中学年の授業でも同じことが言えます。英語を使って，気持ち，事実，意見などをやり取りする様子を率先して児童に見せましょう。CDやデジタル教材，動画教材にもそれぞれの利点がありますが，前もって吟味されたシナリオを演者が何度も練習してから作成する既成の教材と，実際に人と人とが行うコミュニケーションとは違います。たとえば，声の高さや調子から伝わる話者の気持ちや，ことばに伴う表情やしぐさ，相手の発話に反応する様子などは，やはり対人コミュニケーションでこそ感じられるものです。先生が児童の中に入り，一緒になってコミュニケーションをすることにより，どんな英語を使うかだけでなく，どのように英語を使って気持ちや考えを伝えるかというモデルを示すことができるでしょう。1人で授業をする場合には，ALTとの会話のデモンストレーションを見せることができませんが，児童に相手役をつとめさせたり，パペット人形などを用いて会話をしている様子を見せたり，あるいはALTや同僚の教師に頼んで会話を

基礎編　外国語活動で気をつけたいこと　　**37**

している動画を作っておいたりするなどの方法も考えられます。

　「英語のモデルではなく」ということについて，少し付け加えたいと思います。前述したように，外国語活動以外の教科では，先生は児童よりもたくさんのことを知っていて，知識や技能を伝授することができます。漢字の書き方や跳び箱の跳び方などで，お手本を示すことも多いでしょう。外国語活動でも話し方や発音のお手本を示したり教えたりしなくてはならないのでは，と思ってしまうのも無理はありません。もちろん，お手本を示したりすることができるに越したことはありません。どんなに英語が苦手と思っている先生でも，中・高・大と勉強した経験があり，少なくとも大部分の児童よりはずっと英語に触れてきています。そのため，少しブラッシュアップすれば優れたモデルになれる先生も少なくないはずです。そうは言っても，「自分の発音に自信がないから，英語を教えるのが不安」と思っている先生もいるでしょう。そういう場合は「教える」ことを無理しないほうがよいこともあります。中学校の英語の授業のように，教師が口の開け方や舌の位置などを説明して，英語の発音を教えるといったようなイメージを持っているのかもしれませんが，もし具体的に英語の音の出し方を指導する自信がなければ，CDやデジタル教材などの音声教材を使って，「よく聞いてまねしてみよう」と指導することで十分だと思われます。もちろん，ALTとの授業の機会があれば，「〇〇先生が話しているのをよく聞いて，同じように言ってみよう」と促すことができます。自分の発音に自信が持てるようになったら，「先生が言うのをよく聞いてください」や，「先生の口の形をまねしてください」という指示もできるようになるでしょう。まずは，発音の仕方を教えることよりも，児童と英語を使ってコミュニケーションを楽しむことを心がけ，時に「△△さんはよーく聞いてまねしているんだね」というふうにほめたりするとよいでしょう。

(3) 児童どうしをつなぎ，授業を円滑に進める

　中学年の児童は，自我が芽生え，活動範囲が広がるとともに，特定の友だちと継続的な関係を持ち始めます。仲よしグループなどの集団で行動することが増え，「ギャング・エイジ」などと呼ばれることもあります。少しずつ，友だちとのつき合い方や距離の取り方，集団でのふるまい方などについて学んでいきますが，未熟さゆえに友だちとトラブルを起こしたり，仲間と悪ふざけをしたりするなどの行動が見られることもあります。学級担任は，このような発達段階にある児童たちを日々見守り，心と体が健やかに成長するように気を配っています。

　このような配慮は，外国語活動の授業でも大いに生かされるものでしょう。たとえば，外国語活動では新しい表現に慣れるために，速さを競ったり，取ったカードの枚数を競ったりといった，勝敗がはっきりするようなゲームをよく行います。ゲーム性

を持たせることで，児童のやる気を引き出したり，思わず英語を何度も口にする練習効果が期待できたりするなどのねらいがあります。しかし，時には勝ち負けにこだわりすぎて友だちとケンカや口論が起きたり，手が出てしまったり，負けた児童がふてくされてしまったり，といったことも起きてしまうでしょう。このようなトラブルも成長の1つの段階ではあるのですが，できればあまりひどい事態に陥らないよう，事前の対策や事後のきめ細やかなフォローが望まれます。そしてそれができるのは，いつも児童たちと接している学級担任です。児童どうしの関係を把握してゲームのグループ編成を考えたり，興奮しそうになっている児童に適切な声がけをして穏やかにさせたりすることができるでしょう。また，競争をするゲームや協力して行うゲーム，さらには運任せのゲームなど，性質の異なる活動をうまく組み合わせて，どの児童も必ずどこかで活躍できるような場を作るといった工夫も考えられます。

　授業を組み立てるとき，単元の目標を達成できるような活動を選択することはもちろん大切です。しかし，その活動が学級の集団としての児童，および個々の児童にふさわしいかどうかをよく吟味することも大切です。学級の実態にそぐわなければ手直ししたり，ほかの活動と入れ替えるなどの判断をしたりすることによって，外国語活動の授業が円滑に進められ，人間関係の構築や外国語の学習にもよい結果がもたらされることでしょう。

(4) フィードバックをして自信を持たせる

　中学年の児童は概して英語を口にすることに積極的で，あまり恥ずかしいという思いが強くなく，活動などを楽しむことができます。しかし，やはり未知の言語を使って聞いたり話したりするのは容易なことではなく，「間違ったらどうしよう」「言い方がわからない」などの不安を感じることも少なくありません。そんな不安を察知して上手に助けたり，できていることをほめたりして，気持ちを和らげることはとても大切です。間違ったことを強く修正されたり，友だちに笑われたりしたら，これからの長い外国語学習の旅の初めにつまずいてしまうようなもので，歩みを進める意欲がなくなってしまうかもしれません。

　けれども，なんでも "Good!" とほめていては，そのうち物足りなくなってしまうかもしれません。はっきりと相手にわかりやすく話している，友だちの話をよく聞いている，助け合って活動を進めている，言い方がわからない友だちに教えている…など，よいところを具体的にほめましょう。児童は頑張ったことが認められてうれしいと感じたり，どういうところが評価されているのかを意識したりして，よかったところをさらに伸ばそうと思うでしょう。また，周りの児童もよいところをまねしようとするかもしれません。

時に，児童は違う教科で違った振る舞いをしたりすることがあります。国語の時間にはよく手をあげて発表するけれど，算数の時間は静かに座っていることが多いとか，1人で何かを作ったりするのは熱心だけれど，グループワークでは引っ込み思案になってしまうなど，児童はさまざまな顔を持っています。小学校の先生は，1日中児童と一緒に過ごして，そのような面をたくさん知っています。児童との関わり方も，1時間の授業の中だけでなく，広い視野から考えることができるのは，教科担任制の中学校や高等学校にはない小学校ならではの強みです。たとえば，「今朝あの子を注意したのでいつもよりちょっと元気がないようだ。外国語活動ではたくさんほめよう」などの配慮は小学校ならではだと思います。

児童の不安は取り除き，よいところは具体的にほめ，さらに積極的に活動に取り組んだり，さらなる学習にチャレンジしたりするよう仕向けるのも，担任の大切な役割ではないでしょうか。

(5) 専科教員としての役割

学級担任ではなく専科教員などが1人で授業を行うときの役割についても述べておきましょう。専科教員には，中学校以降の校種の英語教師が小学校で教えたり，教員免許状を持たない人が「特別非常勤講師」となったり，小学校の教師で外国語活動や外国語科の指導に秀でた人を専科教員としたり，といったさまざまな場合があるようです。小中一貫校では，中学校の英語教師が小学校で教えることも少なくないでしょう。中学年の外国語活動が設定され，高学年の外国語科の内容や時数が拡充されたことなどから，専科教員は増える傾向にあります。ここでは，中学校教師が小中の両方で教える場合も含めて述べます。

専科教員は学校にとってありがたい存在でしょう。多くの小学校教師が不安を覚える外国語活動・外国語科の授業を一手に引き受け，高い専門性で児童たちの外国語によるコミュニケーション能力を高めてくれます。しかし，ここまで述べてきたように，外国語活動の授業の成否は児童に関する知識や理解，学習を支えるさまざまな指導技術，そして全人的な成長を願う教師としての使命感など，さまざまな要因と関わりがあります。可能であれば，それらの資質を学級担任と同じくらい身につけ，その上に外国語活動・外国語科を指導する専門性を備えていることが望ましいと言えます。また，専科教員は，4学年に渡る児童たちの学びを俯瞰し，広い視野で指導計画を設計したり，滑らかな学びを構築したりすることができます。しかしその反面，外国語活動・外国語科の授業以外での児童たちの言動や生活について知ることが難しいこともありますので，学級担任との情報交換が必要不可欠です。

また，公立小学校であれば教師は何年かおきに学校を異動します。外国語活動・外

国語科を専科教員に任せていても，次の学校では授業をしなくてはならないかもしれません。そこで，専科教員は指導方法などを伝えたり，授業を公開したり，時にはティーム・ティーチングをするなどして，学級担任の授業のスキルアップを支援することができれば，学校や地域における英語教育のさらなる充実に貢献できるのではないでしょうか。

2. ALTとティーム・ティーチングを行う場合

ALTは自然な英語を聞かせてくれたり，母国の文化や習慣などについて話してくれたりと，学級担任ができない役割をたくさん担ってくれる頼もしい存在です。しかし，必ずしも中学年くらいの年齢の児童を指導することに慣れているとは限りません。大学での専門分野，日本での滞在経験，日本語の習熟度なども人によってさまざまでしょう。場合によっては，担任がALTと児童を上手に仲立ちしたり，ALTが指導者として成長できるようサポートしたりすることが必要です。

(1) ALTと児童の楽しいコミュニケーションを仕組む
ALTに発音の練習や会話のモデルだけを担当してもらうだけではもったいないと言えます。ぜひ児童たちと直接やり取りをする機会を増やしてみましょう。ALTとのやり取りの中で，児童は「〇〇先生の言っていることがわかった！」「自分の英語が通じた！」という自信を持ちます。児童の輪の中にALTが加われば，英語で話す必然性も生まれます。児童との関係がよければ，「先生と英語で話したい」という意志も強くなるでしょう。もちろん，学級担任とALTとがよくコミュニケーションを取っている様子を見せることも大切です。

(2) 児童に未知の言語と向き合わせる
中学年の児童は概して好奇心が旺盛で，ALTとも仲よくしたがります。しかし，児童によっては，わからないことばを話す相手に対して不安を抱くこともあるでしょう。ここで心の扉を閉じてしまったら，ことばの世界への扉も閉ざされてしまいます。「わからない」と扉をぴしゃりと閉めるのではなく，よく聞いて聞こえたままをまねすることや，よく聞いたら日本語に似たことばがあること，英語が全部わからなくてもジェスチャーや表情をヒントにすることなど，未知の言語と向き合う姿勢や具体的な方法を伝えましょう。

基礎編　外国語活動で気をつけたいこと　**41**

3 学級担任の役割

(3) 児童とALTをつなぐ

　新任のALTは児童の英語の理解力がどの程度で，どのような話し方をすれば伝わるのかなど，わかっていないことが多いため，児童にとっては難しすぎると思える話し方をすることがあります。しかし，ALTの言うことを逐一通訳のように日本語に訳していては，児童はそのうちに「先生が日本語で言ってくれる」と考え，ALTの言うことを聞き流すようになるおそれがあります。

　通訳ではなく，ニュース番組のキャスターや，子ども向け教育番組のお姉さんお兄さんをまねてみるのはどうでしょうか。たとえば，ニュース番組では専門家が時事問題を解説することがあります。そのとき，キャスターは視聴者の理解を促すために時々口を挟みます。「つまり〇〇ということですか？」「△△も同じでしょうか？」などです。たとえば，授業でALTが "This is my favorite beverage." というように児童がわからない語を使ったら，"Your favorite...what? Oh, you like cola. You like this drink!" のように，ALTの言ったことを児童が理解できる英語で言い換えてみるのです。「〇〇先生が好きなものは何って？　そう，好きな飲みもののことを教えてくれているんだね」のように，日本語で児童と対話しながら言い換えることから始めてもよいでしょう。

　ことば以外にも，教育的あるいは社会的な配慮のためにALTと児童の間に入る必要が生じるかもしれません。たとえば，児童がALTの年齢を聞きたがるときには，多くの社会で年齢を聞くのは失礼にあたることを教える必要があるでしょう。逆に，ALTに日本の社会や学校でのルールを知らせるべきときがあるかもしれません。

3. ゲスト・ティーチャーや中学校英語教師とのティーム・ティーチング

　英語が堪能な地域のゲスト・ティーチャーや中学校の英語教師とティーム・ティーチングを行う場合もあるでしょう。日本語での会話ができるので，打ち合わせなどが容易で心強いパートナーです。この場合も，児童とパートナーがうまく関わることができるよう配慮しましょう。相手の強みにもよりますが，日本の小学校の教育環境や児童の実態などに詳しい場合は，困っている児童の支援や，児童どうしの関係作りの手助けなどにも活躍してもらえることがあります。

　ほかの教科などでのティーム・ティーチングでは，担任が主として授業を進め，パートナーが教室の後ろのほうなどから児童の様子に目を配り，支援が必要な児童に対応する役目を負うこともあります。外国語活動の場合は，2人で会話のデモンストレーションを見せたりすることも大切なので，最初から授業者と支援者というふうに

42

2人の役割をはっきり分ける必要もないのではないでしょうか。とは言え，2人いることを生かして，1人が活動の説明をしているときにもう1人が児童の中に入って，よく理解していない児童に個別に説明するといった，担任1人だけでは目が行き届かないような支援をすることができると，より多くの児童の学びにつながります。

　パートナーが中学校の英語教師の場合は，最初から小学校の外国語活動について正確に理解しているとは限りません。外国語活動では，児童が十分に英語を聞いたり話したりすることが重要であることを理解してもらい，中学校の先取り授業にならないよう気をつけましょう。また，中学生と小学生では，教師の話し方や説明の仕方なども異なります。中学年の児童に伝わるコミュニケーション術や，使ってほしい英語表現などについても伝えておきましょう。

　これまで外国語活動の授業を行った経験があまりない先生は，不安や負担感を抱えているかもしれません。しかし，ことばを使って人と関わることを教える外国語活動は，担任の学級経営の技量や，1人ひとりの児童の人間的な成長に心を砕く日々の教育実践と重なる面がたくさんあります。児童がたくさん英語を使う場を仕組んだり，温かく真摯なコミュニケーションを経験できる活動を設定したりといった，学級担任ならではの役割に，ぜひ自信を持って取り組んでください。

　ALTや中学校の英語教師などとのティーム・ティーチングの場合も，パートナーにお任せでは学級担任としての資質が生かされにくく，惜しいと言わざるを得ません。パートナーの強みと担任の強みをどちらも生かして，児童にとってよりよい授業が行えるよう心がけましょう。そして相手のスキルを少しずつ学んでいけば，自分の成長にもつながることでしょう。

（アダチ 徹子）

4 ゲームの仕方

はじめに

　いよいよ始まる，小学校3・4年生を対象とした小学校外国語活動。高学年で新たに設置される小学校外国語科を受け，これまで高学年で行われていた「外国語活動」が中学年で実施されるようになります。中学年のこの時期は，児童にとって，歌や遊び，ゲームなどを通して，楽しみながら体験的に外国語に親しむのにとても適していると言えます。「外国語活動」の授業を組み立てるうえで，歌やチャンツに加え，ゲームは大変重要な役割を担います。外国語活動でよく扱われるゲームを中心に，その目的と，どのような場面で導入すると効果的かについて紹介したいと思います。

---

1. 語彙・表現のインプット

◆**目的**◆　慣れ親しみ〜集中しながらたくさん聞いてたくさんまねて言う〜
◇**場面**◇　Warm-Up，単語や表現に慣れ親ませたいとき，モジュール活動で

1　キーワードゲーム　　　　　　　　　　　　5分〜

	手順	発話例
STEP 1	2人1組のペアになり消しゴムを1個用意させる。	**T:** Make pairs.
STEP 2	複数枚の慣れ親しませたい単語の中から1つ，キーワードを決める。	**T:** Put one eraser between you and your partner.
STEP 3	児童に両手を頭の上に置くように指示し，教師が発音した単語をリピートさせていく。	**T:** Put your hands on your head. Repeat after me.
STEP 4	キーワードを発音したときだけ，児童はリピートせず，2人の間に置いた消しゴムを取る。消しゴムを取れたほうが勝ちとなる。	**T:** When you hear the keyword, get the eraser. Who is the winner? Good try.

　このゲームは，キーナンバーゲーム（数字を扱うとき）やキーアルファベットゲーム（アルファベットの大文字や小文字を導入するとき）としても同じやり方で行うことができます。

　応用編として，消しゴムの数を2個や3個にして4人で行うことも可能です。一生懸命聞いて反応したことをほめ，消しゴムを取れなかった児童には「Good try! 優しいから譲ってあげられたんだね」などのように，取り組み自体を肯定的に捉える声かけが望まれます。

44

2 ミッシングゲーム   5分〜

	手順	発話例
STEP 1	新出単語の絵カードを紹介してリピートさせたあと，それらのカードを黒板にランダムに貼っていく。	
STEP 2	児童に目を閉じるよう指示する。	**T:** Close your eyes. [Let's take a nap!]
STEP 3	教師は児童に気づかれないように，黒板に貼ってあるカードの中から1枚だけ外す。	
STEP 4	児童に目を開けるよう指示し，何がなくなったか考えさせる。	**T:** Open your eyes. [Let's wake up!] What's missing?

3 ポインティングゲーム   5分〜

	手順	発話例
STEP 1	単語やアルファベットが書いてあるテキストのページや，児童用の小さな絵カードやカルタなどを机の上に用意させる。	**T:** Look at page 〜 . [Spread your card.]
STEP 2	児童は教師が発音した単語やアルファベットを聞き取って，その文字や単語を指さす。	**T:** Point the card [picture] when you hear.
STEP 3	慣れてきたらペアになり，テキストの紙面やカード類を2人の間に置く。教師が発音した単語を指さし，速さを競う。	**T:** Make pairs. [One set of cards for two.]

　応用編として，聞こえた単語に親指から順番に指を置いていき，一度置いた指はそのままにして続けると，指バージョンのカラーツイスターになります。

4 おはじきゲーム   5分〜

	手順	発話例
STEP 1	絵や単語の上におはじきを置かせる。	**T:** Put your *ohajiki* on the pictures.
STEP 2	置いてある絵や単語の発音が聞こえたら，そのおはじきを取ってよいことを指示する。	**T:** You can get the *ohajiki* when you hear ○○○ .

基礎編　外国語活動で気をつけたいこと　　**45**

| | 4 | ゲームの仕方 |

| **STEP 3** | 児童は教師が発音した単語を聞き取って，上に置いてあるおはじきを取って集めていく。 | |

　応用編として，教師が発音した単語に次々とおはじきを置いていくことも可能です。また，ペアになり，2人でおはじきを取ったり置いたりすることを競い合うようにすることもできます。自分が取ったときは"I got it!"，相手が取れたときは"Good job!"などの一言をプラスしましょう。

5 ステレオゲーム   5分〜

	手順	発話例
STEP 1	クラスを5，6人程度のグループに分ける。	**T:** Make groups of five [six].
STEP 2	グループ名を決定させ，あるグループに前に出てきてもらう。	**T:** Please come to the front.
STEP 3	教師は1人ひとりに担当する絵カードを渡すか，耳打ちでこっそり単語を教える。	
STEP 4	教師の "Here you go!" の合図で，児童は全員同時に自分の担当する単語を発音する。	**T:** Here you go!
STEP 5	聞いていた児童は，誰が何を発音したのか考える。	**T:** Who said RED?

　聖徳太子ゲームとも呼ばれます。前に出た児童が所属感を持って声量を出すよい経験になるでしょう。

6 ジェスチャーゲーム   5分〜

　児童の1人にお題となる単語を教えてジェスチャーしてもらい，ほかの児童がその単語を当てるゲームです。当ててもらえたら，ジェスチャーした児童を全員でほめ，全員でそのジェスチャーをまねしながら発音しましょう。

　動詞や名詞などを扱う際に適しているゲームです。当てたあとも全員でくり返し，体を使って単語に慣れ親しめる（TPR）ようにします。

46

7 メモリーゲーム   5分〜

	手順	発話例
STEP 1	クラスを5人程度のグループに分ける。	**T:** Make groups of five.
STEP 2	英語じゃんけんをして順番を決め，グループごとに1列に並ばせる。	**T:** Who is the first runner? Line up.
STEP 3	児童に好きなものを思い浮かべさせ，先頭の児童から発話していく。	**S:** I like *sushi*.
STEP 4	2番目以降の児童は，自分より前の児童が言った単語を思い出してくり返し発音し，最後に自分の好きなものを言う。	**S:** Tanaka-san, *sushi*. Sato-san, ice cream. I like cakes.

　できれば，教師とALTまたはボランティアの児童とでデモンストレーションをしてから行いましょう。暗記することが目的ではないので，途中で覚えきれなかったときは，パスして最後の児童までつなげるよう助言しましょう。"Tanaka-san likes *sushi*." のように三人称単数現在形でないとならないという指摘があるかと思いますが，外国語活動では，正確性（accuracy）に関しては特に寛容である必要があるので，児童が楽しく互いの意見をつないでいく活動になるように配慮することが大切です。

8 I SPY ゲーム   5分〜

	手順	発話例
STEP 1	王様（king）役と女王様（queen）役を決める。	**T:** Who wants to be a king [queen]?
STEP 2	王様と女王様に，クラスにあるものの中からゲームの答えになるものを決めさせ，"I spy something…" のフレーズで言い始められるよう練習させる。	**T:** King [Queen], what do you want?
STEP 3	王様や女王様の something 以下のヒントを聞いて，ほかの児童はそれが何かを当てる。	

　クラスで楽しめる推理ゲームです。I spy に続く例としては，"something yellow" "something beginning with B" "something sweet (long)" などがあげられます。

基礎編　外国語活動で気をつけたいこと　**47**

9 Simon says ゲーム　　　　5分〜

　動詞の導入や命令の仕方で活用したいゲームです。"Simon says, ..." と動作の前に言ったときだけその動作をさせます。たとえば，教師が "Simon says, stand up." と言ったときには立ち上がり，"Stand up." とだけ言ったときには立ち上がってはいけません。同様に，"Simon says, brush your teeth." と言われたら歯をみがく動作をし，"Brush your teeth." とだけ聞こえたら動いてはいけません。教師からの指示を正しく聞き取れたという自信にもつながるゲームです。

10 グッドフレンドゲーム　　　　5分〜

	手順	発話例
STEP 1	机を教室の端に寄せ，あいた空間に横並びに2脚ずつ椅子を並べる。	T: Get your chair.
STEP 2	教師が曲をかけている間，児童は自由に歩き回る。	T: Walk around while you hear the music.
STEP 3	曲を止め "Stop walking." と言ったら，児童は椅子を見つけて座る。	T: Stop walking.
STEP 4	隣に座った児童と，互いにほめ合う。ほめられた児童は必ずリアクションをとる。	S: I like your pencil case. S: Thank you.

　互いに "Go ahead.（お先にどうぞ）" や "After you.（あなたのあとで結構です）" と譲り合う会話経験をさせることもできます。構成的グループエンカウンター的な活動です。

11 集中力ゲーム　　　　10分〜

	手順	発話例
STEP 1	複数枚の絵カードを机に並べるように指示し，手を頭の上に置くように伝える。	T: Spread your cards and put your hands on your head.
STEP 2	教師はゆっくりと，ランダムに単語を発音する。	

	手順	発話例
STEP 3	教師の "Let's try!" の合図で，児童は発音された順にカードを並べ替える。	T: Let's try!
STEP 4	教師が再度発音をし，黒板に大きめの絵カードを解答例として並べながら答え合わせをする。	T: Did you make it?

12 メッセージリレーゲーム　　10分〜

	手順	発話例
STEP 1	クラスを5〜8人程度のグループに分け，リレーの順番を決めさせる。	T: Make groups of five [eight]. Who is the first runner?
STEP 2	各チームから1人ずつ集め，英語のお題を耳打ちする。	T: The first runner, please come to the front.
STEP 3	それぞれのチーム内で伝言をリレーしていき，伝言が終わった児童には座るように指示する。	T: When you are done, sit down.
STEP 4	各チームの最後の児童を集め，一斉に伝言内容を言わせる。	T: The last runner, please come to the front.
STEP 5	チームごとに伝言内容を発表させ，お題を再度聞かせて答え合わせをする。	

　「伝言ゲーム」の英語版です。単語でも，短いフレーズでも，その日のターゲットとなる文章でも行うことができます。アルファベットの導入をするときは，背中にアルファベットの大文字や小文字を指で書いて伝えるワードコピーゲームになります。

13 BOMB ゲーム　　10分〜

	手順	発話例
STEP 1	児童を6〜8人程度のグループに分け，複数枚の絵カードを黒板に並べておく。	T: Make groups of six [eight].
STEP 2	BGMを流す。児童は1つずつ絵カードの単語を発音し，言えたら次の児童にボールを手渡す。	T: Repeat and pass the ball.
STEP 3	BGM が止まり爆発音が聞こえたときにボールを持っていた児童が負けとなる。	

基礎編　外国語活動で気をつけたいこと　　49

4 ゲームの仕方

2. 語彙・表現のアウトプット

◆目的◆　慣れ親しみ〜自分の思いや考えを伝え合う楽しさを味わう〜
◇場面◇　メインの活動として，または学習した表現を活用させたいとき

1 バースデーラインゲーム　　　　　　10分〜

	手順	発話例
STEP 1	お互いの誕生日をたずね合いながら，4月生まれから3月生まれになるように並ぶことを伝える。	**T:** Ask your friends, "When is your birthday?" and make a big circle, starting from April.
STEP 2	スタートの合図で開始し，並び終わったら座るよう指示する（クラス全員でも，クラスを2つに分けてもよい）。	**T:** When you are finished, please sit down. **S:** When is your birthday? **S:** My birthday is October 29th.
STEP 3	教師はカレンダーなどを活用しながら，誕生日順になっているかどうかを児童と一緒に確認していく。	

　構成的グループエンカウンターとしても有名な活動を英語で行います。並び終えたら，4月生まれの児童をbig brother [sister]のように表現したり，その日が誕生日の児童に "Happy birthday!" と全員で言ったりすることもできます。また，身振り手振りだけで誕生日順に並んで座るよう指示すれば，ボディランゲージの必要性を体感できる活動として行うこともできます。

2 フルーツバスケットゲーム　　　　　　10分〜

　「フルーツバスケット」を英語で行います。色・くだもの・教科・誕生月などの名詞だけでなく，絵カードの中から自分が好きなものを選んでそのキャラクターになりきらせるのもよいでしょう。シャッフルするキーワードを "Fruits basket!" の代わりに "All of us!" にすることもできます。どのような学習内容にも応用が効く活動です。

　応用編として，好きなものを選ぶルールで行う場合には，同じものを選んだ児童全員に "We like P.E." のように一緒に言わせることもできます。

50

3 コンセントレーションゲーム　　　　　　　　　　10分〜

　「神経衰弱ゲーム」を英語で行います。教師はあらかじめ，対になるようペアの
カードを複数セット用意しておき，児童はペアやグループでゲームを行います。カー
ドをめくるときにみんなで発音するように指導しましょう。最終的にたくさんカード
を獲得した児童の勝ちとします。

　すべてのグループ用にカードを用意することが困難なときは，大きめのカードを黒
板に縦横そろえて貼り，一斉型の指導で行うこともできます。この場合，カードに番
号をふっておき，児童に "Open number 2 and number 14." などのように言わせること
もできます。

4 カラータッチゲーム　　　　　　　　　　　　　5分〜

　「色おに」を英語で行います。教師または児童の1人が，好きな色を選んで，"Touch
(something) purple!" のように指示を出します。指示された児童たちは教室の中からそ
の色が入っているものを探して触ります。指示者を「おに」役にして，その色を触っ
ていない児童は「おに」につかまってしまうルールにするとゲーム性が高まります。

5 21 is OUT ゲーム　　　　　　　　　　　　　　5分〜

	手順	発話例
STEP 1	児童に全員で1つの円になるように指示する。	**T:** Please make a big chain circle.
STEP 2	児童は1から順番に，1〜3つまでの数字を言っていく。	**S:** One, two. **S:** Three, four, five.
STEP 3	21を言うことになった児童は，"Thank you, see you." と言って輪から抜ける。	**S:** Nineteen, twenty. Thank you, see you.

　数の導入がある程度終わってから行いたいゲームです。誰が21を言うことになる
か最後まで予測しづらく，とても盛り上がります。数字の代わりにアルファベット
26文字でも行うことが可能です。

基礎編　外国語活動で気をつけたいこと　　**51**

4 ゲームの仕方

6 タイムトライアルゲーム　　　　　5分〜

　児童全員で協力するゲームです。全員で1つの円になるようにして座らせ，指名した児童から時計回りにターゲットとなる表現を言っていきます。教師は1周するのにかかったタイムを計り，板書するなどして児童に知らせます。タイムを縮めるためにはどんな工夫ができるか，簡単な話し合いをさせるのもよいでしょう。タイムを縮めたいばかりに，発音がおろそかにならないよう，「ALTの先生に通じるように，はっきり話す」などのルールを示すことも大切です。

7 ビンゴゲーム　　　　　10分〜

	手順	発話例
STEP 1	ビンゴゲームの用紙(5×5)を用意し，児童に配付する。	**T:** Let's do BINGO game!
STEP 2	児童はシートに描かれている絵の中から，好きなものを2つ選んで〇をつける。	**T:** Please choose your favorite two pictures.
STEP 3	教師の合図で，児童は "Do you like apples?" などのようにたずね合う。	**S:** Do you like apples?
STEP 4	児童は，自分が〇をつけたものであったら "Yes, I do.", そうでない場合は，"No, I don't." と答え，別の児童に話しかける。	**S:** Yes, I do. **S:** No, I don't. **S:** Thank you, see you.
STEP 5	相手の答えに合わせて〇や×をつけていき，縦横斜めいずれかがそろったら BINGO! になる。	

8 スリーヒントクイズ　　　　　5分〜

	手順	発話例
STEP 1	正解となる絵カードを用意し，黒板に裏返して貼る。	
STEP 2	教師はゆっくりと3つのヒントを与え，答えを想像させる。	**T:** Green. Vegetable. Long. Please guess! What's this?

　絵カードではなく，実物を用意して行うこともできます。大きめの紙袋などの中に隠しておき，手で触ってみせたり振って音を聞かせたりして興味を引くとよいでしょう。この活動は，高学年になったら自分たちでヒントを考えたり，中学校英語科では,

52

その考えたヒントを英文で書き表したりする活動につなげていくことができます。

9 オポジットゲーム   5分〜

手順		発話例
STEP 1	教師は，"Find something long." と言い，長いものを探させる。	**T:** Find something long.
STEP 2	児童が見つけたら（教室の中でもテキストやプリントの中でも可），次に "Find something short." と言う。	**T:** Find something short.
STEP 3	次に，"Find something hot." と児童に問いかけて探させる。	**T:** Find something hot.
STEP 4	「先生は次に，"Find something" のあとになんて言うと思いますか」と言い，推測させる。	

　慣れてきたら児童どうしでペアになり，1人がある形容詞を言ったら，もう1人が反対語になる形容詞を言う，というゲームにすることができます。

10 人間コピー機ゲーム   5分〜

手順		発話例
STEP 1	クラスを5，6人程度のグループに分け，リレーの走順を決めさせる。	**T:** Please make groups of five [six] and decide the order.
STEP 2	第1走者を集め，お題となる絵を見せる。	**T:** The first runner, please come over here.
STEP 3	各グループに戻り，お題の絵を英語でなんとか伝えようとする。次の走者の児童が聞き取った内容を紙に描いていく。	
STEP 4	全員が終了したら，各グループの書き上げた絵を黒板などに集約し，答え合わせをする。	

　構成的グループエンカウンターで行われている言語活動の英語版と言えます。難易度の上げ方としては，数や大きさや場所の情報を追加し，大きなお皿にリンゴが4つ，テーブルの上にモモが3つ，椅子の上にイチゴが2つのようにすることができます。

基礎編　外国語活動で気をつけたいこと　　**53**

中学校外国語科で There is [are] 〜 . を学習する際にも応用でき，学年を問わないコミュニケーション活動です。

11 インフォメーションギャップゲーム   10分〜

　児童をAとBの2つのグループに分け，互いに情報が欠けている表を渡します。児童は欲しい情報をたずねあい，表を完成させるゲームです。どのようなトピックに対しても応用が可能なゲームと言えます。

　たとえば，Aグループには，架空の給食献立メニュー表の月曜日と水曜日だけの情報が書かれている表を，Bグループには，火曜日と木曜日と金曜日のメニューだけが書かれている表を与えます。児童は互いの表を見せないようにしながらコミュニケーションを取り，日本語でよいのでメモを取っていきます。活動が終了したら，教師が黒板を使って答え合わせをします。

おわりに

　中学年の児童に45分間の授業を行うとき，大切なことは，活動後に児童が「楽しかった」「おもしろかった」「通じた」「できた」「聞き取れた」などの外国語に対する肯定的な感情を持てるように配慮することだと考えます。ゲームという場を設定して取り組ませる目的は，児童が体験的に外国語に対する慣れ親しみを深め，コミュニケーションへの意欲を高め，外国語に対するたくさんの気づきを得るためであることを念頭に置きながら，温かく明るい学級で児童が笑顔になる姿をイメージしながら，いくつかのゲームを上手に授業に組み入れていけたらすてきだと思います。

（櫛田 亜季）

実践編

外国語活動で
教えたいこと

1 出会わせ方

2 英語と日本語

3 文　字

4 やり取り

5 語　彙

6 絵　本

| 1 | 英語との出会わせ方 |

新教材関連Unit

3年：Unit 1

はじめに

　「3年生になったら英語（外国語活動）の授業が始まるぞ。楽しみだなぁ。」

　3年生に進級した子どもたちはこんな期待を持ち，キラキラと目を輝かせて担任やALTを待つことでしょう。その一方で，「英語の勉強は難しそうだな」「私は英語なんてわからない」という不安な気持ちの子どももいるかもしれません。最初の授業で不安な気持ちが増幅されてしまうと，子どもたちにとって外国語活動は苦痛の時間となってしまいます。ですから，英語との最初の出会いは，それ以降続く子どもと英語の関係を左右する大事なものとなってきます。

　ここでは，3年生の最初の授業や初めてのALTとの出会いなどでポイントになることと，その具体的な授業実践例をお伝えします。

1.　英語の学習ではなくコミュニケーションの学習であることを伝える

　3・4年生で行われる授業は正式には「外国語活動」ですが，普段は簡単に「次は，英語の時間だよ」という表現を使われる場合が多いことでしょう。また，おうちの人から「3年生になると英語の勉強が始まるんでしょう？　しっかり勉強していい成績を取るのよ」と言われている子がいるかもしれません。ですから，子どもたちが「国語や算数と同じように，英語の勉強をする時間」という先入観を持っている場合があります。そこで，まずは外国語活動のねらいと授業に臨む姿勢などを伝えましょう。

　小学校学習指導要領解説 外国語活動編 第2章 第1節には，「母語を用いたコミュニケーションを図る際には意識されていなかった，相手の発する外国語を注意深く聞いて何とか相手の思いを理解しようとしたり，持っている知識などを総動員して他者に外国語で自分の思いを何とか伝えようとしたりする体験を通して，日本語を含む言語でコミュニケーションを図る難しさや大切さを改めて感じること」が，重要であるとされています。つまり，外国語活動は5年生以降の英語学習の前段階というだけでなく，日本語を含めたコミュニケーションの土台作りであると言えます。

　ですから，私は外国語活動の最初の授業で，「外国語活動は国語や算数のような勉強とは少し違って，英語を通してコミュニケーションの体験をする時間だ」ということや，「わかろう・伝えようという気持ちを持つことが大切である」ということを話すようにしています（具体的な話は，後述「3. 最初の授業展開例」をお読みください）。

　レイ・L・バードウィステルの研究では，「二者間の対話では，ことばによって伝えられるメッセージ（コミュニケーションの内容）は，全体の35パーセントにすぎず，

残りの65パーセントは，話しぶり，動作，ジェスチャー，相手との間のとり方など，ことば以外の手段によって伝えられる」（ヴァーガス1987:15）とされています。英語という異言語に触れた経験が少ない小学生だからこそ，言語以外のメッセージ，たとえばジェスチャー，表情，絵カード，デジタル教材など視覚的な情報を頼りにしてコミュニケーションを図る大切さを伝えたいものです。

「小学校の外国語活動のキーワードは『推測と反応』である」と言った先生がおられます。視覚的な情報と聞き覚えのある英語を頼りに，「先生はこんなことを言っているんじゃないかな」と推測し，「それならこんなふうに動いてみよう」「カードの数を聞かれているみたいだから，"Three." って言ってみよう」と，聞き覚えのある英語や動作を含めた非言語を駆使して反応することが，異言語コミュニケーションの初期段階では大事にされるべきです。「英語が話せないからコミュニケーションが取れない」ではなく，「英語はうまく話せないけれど，言っていることが理解できた」，「言いたいことが伝えられた」という気持ちを育てたいものです。

2. ゲームの約束事を確認する

外国語活動の授業の中では，ゲームやクイズを通して英語に慣れ親しませることがよくあります。*Hi, friends!* の中にも，「キーワードゲーム」「ミッシングゲーム」「おはじきゲーム」「ポインティングゲーム」などのように，どの単元においても使える定番のゲームが入っています。そして，その多くの場合，友だちと勝敗を競うことになります。ですから，そのようなゲームをしていると，「どうせ勝てないからおもしろくない，やりたくない」とやる気をなくしたり，負けて泣き出したりする児童も出てきます。そうなると，楽しく盛り上がるはずが一転，ゲームのせいでギスギスした雰囲気になってしまいます。

外国語活動では，ゲームを通して英単語や英語表現に慣れ親しませるという目標がありますから，児童が英語に出会う最初の時間に，何のためにゲームをするのかという目的を伝え，単なる勝ち負けだけにこだわらず参加することが大切であるということを話さなければなりません。そして，ゲームをするときの約束ごととして，**「ゲームで負けても泣かない，怒らない，いじけない」**ということを確認します。また，指導者側も活動を計画するときに配慮したいことがいくつかあります。

第1に，いつも勝敗を競うゲームばかり仕組む必要はないということです。たとえば，指導者が言った英単語のイラストを指でさし示す「ポインティングゲーム」も，友だちと速さを競うのではなく，1人で指さしをさせるだけでも十分に楽しんでいます。また，ペアを作って交互に指さし，その中で互いに教え合うこともできます。競

実践編　外国語活動で教えたいこと　**57**

争だけでなく，協力という要素を加えるのです。そうすると，「ギスギス」が「ほのぼの」へと変わっていきます。

第2に，英語力で勝敗が決まるゲームだけではなく，運で勝敗が決まるゲームを取り入れることです。英会話教室に通っていて，すでに英語力のある児童が常に勝つというのであれば，英語に初めて接する児童はやる気がなくなるのも当然です。その点，「じゃんけんゲーム」や「ビンゴゲーム」などは英語力ではなく，運で勝敗が決まるという点で平等です。

3. 最初の授業展開例

児童が最初に英語と出会うときに気をつけていることを2点述べましたが，ここではそれを組み入れた年度最初の授業展開を紹介し，具体的な例とします（児童の反応については，これまでの筆者の経験に基づいています）。

(1) 英語であいさつと教師の自己紹介をする

授業始めにいろいろと日本語で説明をする前に，いきなり英語であいさつをします。

"Good morning!" と手をあげてにこやかに言うと，あいさつをしているということが伝わって，ほとんどの場合に児童から "Good morning!" と返ってきます。続けて，"How are you?" とたずねれば，これまた同じように "How are you?" と返ってくることがほとんどです。そこで，"hot"，"cold"，"hungry"，"sleepy"，"tired" などをジェスチャーや絵カードで表し，自分の今の調子に当てはまるところに手をあげさせます。この1回の授業で "How are you?" に対する受け答えをできるようにするのではなく，毎時間のあいさつをくり返すことで，そのうちに児童の口から出てくることを期待します。

あいさつをしたところで，今度は教師の自己紹介を英語でします。もちろん，ただ話すだけでなく，パワーポイントなどで写真を見せながら進めます。名前，住んでいるところ，年齢，家族，好きな食べもの，好きなスポーツなどについて，ジェスチャーを交えながら話します。ここでは，日本語に訳さずにいかに伝えるかがポイントです。

たとえば年齢は，"I'm 35 years old." と言っただけでは伝わりません。まず，児童を指さして，手で8という数字を表しながら，"You are eight years old." と言います。そして，自分を指さして35を手で表しながら，"I'm 35 years old." と言うと，8と35という数字からなんとなく年齢のことを言っているようだ，と児童が気づきます（年齢を言うかどうかは担任の判断に任せます）。好きな食べものやスポーツなども同じよう

にジェスチャーなどの視覚的なヒントを織り交ぜながら話します。このようなやり取りをしていくと，児童は「なんとなくわかる」ということを感じてくれます。

(2) 外国語活動の意義とねらいを伝える

「なんとなくわかる」という体験をさせたところで次のような話をします。

「これから外国語活動という授業が始まります。先生やALTのマイク先生（仮名）と一緒に英語を使った活動をしますが，もしかしたら『英語の勉強は難しそう』『私は英語なんてわからない』と思っている人がいるかもしれません。でも大丈夫ですよ。外国語活動は，英語の勉強ではなく，コミュニケーションの勉強をする時間です。さっきの先生の自己紹介のとき，写真を見ながらなんとなく英語で話したことがわかったでしょう。それも立派なコミュニケーションです。このように相手の言うことを一生懸命わかろう，知ろうという気持ちを持つこと，そしてなんとなくわかって，いろいろな方法で反応することが外国語活動のコミュニケーションです。自信を持って授業に参加してください。」

(3) 動物モザイククイズでわかったという体験をさせる

「外国語活動とは」という話をしたところで，「なんとなくわかって反応する」ということを体験させるために，動物モザイククイズをします。モザイクをかけた動物の写真を見せ，"What's this?" とたずねるクイズです（児童が興味を示し，反応したくなるようなクイズなら何でもOKです）。

モザイクは3段階ぐらいに分け，何の写真かほとんどわからないものから少しずつクリアになるようにし，次のようにヒントを出していきます。鳥が羽ばたくまねをしながら "It's a bird."，手でバツ印を作って "But it can't fly."，泳ぐまねをしながら "It can swim."，黒いテレビ枠やホワイトボードを指さして "It's black and white." と言ってみます。すると児童は，"Penguin!" という答えに到達します。こうやって，視覚的な情報もすべて含めてコミュニケーションであることを体験させ，そのうえで「私にも英語がわかった」というプラスの気持ちを持たせることがポイントです。

「全部英語で話したけど，よーく見ていたら先生のヒントがなんとなくわかったでしょう？　すごいねぇ！　それでいいんですよ」と言われると，児童の中にホッとしたような雰囲気が流れます。「英語をたくさん覚えなくてはいけない」「英語をペラペラ話せるようにならなくてはいけない」というプレッシャーから解放し，「推測と反応」を具体的な場面の中で伝えることを英語との出会いで心掛けたいものです。

（宗 誠）

参考文献：マジョリー・F・ヴァーガス（1987）『非言語（ノンバーバル）コミュニケーション』新潮社．

2 英語と日本語との違い

新教材関連Unit

3年：Unit 4・8

1. 目指す児童の姿

　新学習指導要領において，3・4年生で実施される外国語活動の目標 第1に「(1) 外国語を通して，言語や文化について体験的に理解を深め，日本語と外国語との音声の違い等に気付くとともに，外国語の音声や基本的な表現に慣れ親しむようにする」という「知識及び技能」につながる目標があげられています。児童の「気づき」を促し，「理解」を深めるために，教師はどのような指導をすればよいのでしょうか。

　筆者は以前，外国と日本ではジェスチャーの意味に違いがあることについて授業を行った際，ある児童に「変なの」の一言で片づけられてしまったことがあります。大半の児童は，日本の手まねきは外国では「あっちに行け」という意味に勘違いされることなどに興味を持ったのですが，一方で，異文化に興味を持たないばかりか，嫌悪感を持ってしまう児童が少なからずいることを知り，とても驚きました。それぞれの児童に興味や気づき，理解といった心理的な動きを仕掛けることの難しさを身にしみて感じることとなりました。その後経験を積み，試行錯誤のうえ，自分なりに感じるところを以下に述べたいと思います。

2. 考えうる「気づき」とは

　まず，児童たちにどのような気づきが起こりうるか考えてみましょう。

(1) 発音やアクセント

　日本人が話す英語の発音は聞き取れても，ALTが流ちょうに話す英語は聞き取りにくい，と感じた経験は大人にもあると思います。ALTの発音をなんとかカタカナで書きとめようとしても，その音をカタカナに変換することすら困難でしょう。なぜこのようなことが起きるのかというと，英語と日本語は音韻体系が違い，英語は日本語よりはるかに多くの母音や子音を持っているからなのです。過去に聞いたことがない音は発音が難しく，自分で発音できない音は聞き取ることも難しいと言われています。英語に初めて出会う児童にとっては，どこが難しかったかということを認識できたら，それで「違いを知った」ことにはなります。しかし，そこで学習を終えてしまっては，英語は「難しい」とか「よくわからないものだ」と見切ってしまい，その先の学ぶ意欲を失わせかねないでしょう。"Once more, please." と聞き直したり，相手の口元をよく見てまねして発音してみたりするチャレンジをし，そこから伝わった喜び，うまく

活動できた，ほめてもらえたなどの成就感にまでつなげられるような活動にしなければなりません。

　英語の聞き取りにくさは，母音子音の種類の問題だけではありません。音節の問題もあげられます。日本語は基本的にすべての音は母音で終わりますが，英語は母音を伴わないことが多くあります。たとえば，"milk" についてカタカナ英語をローマ字で書き取ると "miruku" となり，縦に並べて板書すると長さの違いから文字数が多く，母音がたくさん入っていることがひと目でわかります。「ミルクの『ル』は "ru" ではなくて "l" の部分？」といった疑問も出てくるでしょう。また，音節を手拍子で確認させると，前者は1拍ですが後者は3拍にもなります。声帯が震えない，息だけの音があることは，喉に手を当てて発音させる（または教師の喉に手を当てさせる）と気づくことができ，たいてい大きな驚きを生みます。

　アクセントの違いも気づきやすいポイントです。"バナナじゃなくて banana" などのチャンツで対比するとわかりやすいでしょう。英語は息の強弱でアクセントを入れるのも特徴的であり，話者の口の前に薄紙（ティッシュなど）をかざすと，薄紙の揺れで息の強弱がわかります。さらに，日本語を話すときに薄紙をかざしてもほとんど揺れませんが，英語を話しているときの薄紙は大きく揺れることから，英語ではたくさん息を出していることがわかります。この息の量は周波数にも関係があり，高い周波数の子音は英語に慣れていない人にとっては聞き取りにくいのです。

　ローマ字をもとに聞こえた音から想像する文字と，実際の表記とのギャップに気づく例も多くあります。先ほどの "milk" に関しても「ミルク」とカタカナに変換してしまえば，ローマ字においてラ行は "r" から始まるようになっています。「イングリッシュ」と聞こえても，"I" ではなくて "E" から始まりますね。同様に「キャット」は "k" ではなく "c" から始まります。ABC ソングで "A" は /éi/ と発音するのに，ローマ字では「ア」であるなど枚挙にいとまがありません。ローマ字はあくまで「日本語の」便宜的表記法であることをおさえておかなければなりません。

(2) 接頭語・接尾語

　違いばかりではなく，似ているところに気づくことも大きな学びになります。日本語で「再利用」，「再会」など，頭に「再」をつけると「ふたたび，もう一度」という意味が追加されるように，英語でも "recycle" や "reuse" など，頭に "re-" をつけると，日本語の「再」と同じ意味が追加されます。

　また，接頭語つながりで言語文化のおもしろみに気づかせることもできます。"triangle"（トライアングル）の "tri-" は3を表す接頭語であることを教え，「そのほかにも "tri-" のつくことばはあるかな」と投げかけると，児童たちは一生懸命考えます。

実践編　外国語活動で教えたいこと　　**61**

「3本の角を持つ恐竜は？」

「トリケラトプス！」

「水泳・自転車・マラソンの3種目を連続で行う競技は？」

「トライアスロン！」

それまで関係性を感じなかったことばを"tri-"（「トリ」または「トライ」）という接頭語によって「仲間である」と認識するようになります。同様に8を表す"oct-"がつく「オクトパス」「オクターブ」「オクトーバー」も仲間であることを教えると、「え!?"October"は10月じゃないの？」と当然疑問が出てきます。「おかしいねぇ」などとすぐに答えを言わないでいると、気になる児童は休み時間に図書室や情報センター（PC室と調べ学習兼用の部屋）へ行って調べたり、家庭学習で調べてきたりして、朝の会で発表してくれることもあります。

接尾語についても、「"-er"や"-ist"をつけると人を表すよ。『看護師』『美容師』など『師』をつけると人を表すのと同じだね」と話すと、「あれ、『弁護士』は『士』だよ、『師』と『士』の違いはなんだろう」と疑問を持つ児童もいます。外国語を学ぶことで、日本語についてもいろいろな角度から捉え、深く知るきっかけとなるでしょう。

(3) 語順

5年生の国語では漢文を学習します。ここでは「音読や暗唱によって漢文の表現に慣れる」ことがねらいですが、レ点や返り点については、日本語の語順に変えて読みやすくする知恵であることを簡単に触れます。実は、英文も返り点を付けて読み下すことができるのです。無茶苦茶だと思われるかもしれませんが、これは実際に幕末にジョン万次郎が行った方法だと知ると、児童たちは驚き、おもしろがります。また、この語順の違い（日本語は「どうする」という大事な述語が最後に来る言語なので、終わりまではっきり述べなければ真意は伝わらないこと）を学習することで、「次の1分間スピーチの目標は、『終わりまでしっかり伝えよう』です」と意識づけができ、コミュニケーションのスキルアップにもつなげられます。

ちなみに、前述のジョン万次郎が「メリケン」と表したことばは何でしょうか。正解は"American"です。聞き取った語をなるべく正確に表そうと苦心したのでしょう。「ラムネ」も"lemonade"（レモネード）のことです。幕末の人たちも今の私たちと同じように日本語と英語の音の違い、語順の違い、考え方の違いに戸惑いながらも学んでいただろうことに思いを馳せ、大いに励まされます。

児童の気づきはどのように表されるかわかりません。つぶやきや表情だけかもしれません。教師が即時に見て取ることができなくても、仲間と今日の気づきを共有する

時間を設けるなどして，自分なりに整理し，振り返りシートを書かせると，どの児童にも気づきがあることを読み取れるでしょう。

3. コミュニケーションを図ることの楽しさや大切さ

　小学校学習指導要領解説 第2章 第1節 国語科の目標に「『伝え合う力を高める』とは，人間と人間との関係の中で，互いの立場や考えを尊重し，言語を通して適切に表現したり正確に理解したりする力を高めることである」とあります。これは国語だけでなく，どの言語でも共通であると考えます。また，言語と非言語も合わせて相手の意を汲もうとする思いやり，どう言えば相手に伝わるだろうかと客観的に模索できる知性が必要です。外国語（英語）を学習することで，改めて普段使っていることばを見直す機会になります。

　誤解を恐れず言うなら，自分以外はすべて異文化です。よその家，よその地域，性別，世代など，さまざまな違いを抱えています。多様な考え方を許容され，安心できる環境でなければ自分の意見を述べることはできません。また，単純に「英語と日本語とはここが違います」と講義的に教えられても，興味が持てないばかりかそこからつながる学びはありません。良好な人間関係，温かな中にも統制のとれた学級経営のもとで自由に意見が述べられ，自由に感情の動く授業が展開され，その中で「気づき」が生まれるのです。互いを尊重する気持ち"respect"があれば，「主体的，対話的，深い学び」にもつながります。安心して参加できるからこそ主体的にチャレンジできます。失敗しても笑われない，それどころか"Nice challenge!"とほめられるからどんどん対話ができる。たくさんの意見が出るから，多角的に考えたり自分の意見を見直したりできる。生まれた疑問を調べてみたくなる，といったようにポジティブな流れが生まれます。

　児童たちには素晴らしいアドバンテージがあります。大人よりも柔軟に多様な音の違いに気づき，たやすくまねることができます。それは小さな子ならなおさらです。たくさんの受容アンテナが機能している3年生から外国語活動が始まることをプラスに捉え，臆さずチャレンジできる授業を目指したいものです。

（樫村 雅子）

| 3 | 文字の扱い方 |

新教材関連Unit
3年：Unit 6
4年：Unit 6

　本節は，初めて英語に出会う中学年の児童に対して，主に学級担任による文字指導の基本や活動例を紹介します。高学年と大きく違うのは，「絵カードについている文字は目にするが，読み書きを急がない」ということです。一般的に，アルファベットの文字指導に入るためには，およそ100時間のインプットにより，英語の意味がなんとなくわかっている必要があると言われています。指導理論の共通理解が行き届いた韓国やフィンランドでは，小学校3年生の段階ではできるだけ文字を取り出して扱わないようにしています。そのため，教師はなんとか英語で伝えようとさまざまな工夫をしますし，児童は文字がないからこそ音声の特徴に気づきます。これにより，文字や母語を介さずに学ぶ習慣を身につけ，「外国語の音声と意味の直結」という言語学習の基本を経験することができるのです。

　アジア諸国でも，社会からの期待に応えるべく英語教育が早期化する潮流がありますが，9～10歳の子どもに大切な「音声の溜め」がともすれば見過ごされやすいように思います。具体的操作期から形式的操作期へと成長していく過程に「音声の溜め」があると，「絵についている単語が読みたい」という欲求につなげることができますから，3年生ではとにかく音声に浸ることを大切にしたいものです。この時期に培う「外国語の音声と意味の直結」という認知プロセスが，その後の高学年をはじめ，中学校や高等学校での英語学習の基盤となるのです。

1.　中学年での「文字の扱い方」の原則6つ

(1) 英語に出会ったばかりの児童に「聞く英語の量と時間」を十分に確保すること。
　　→児童がリラックスして英語の音声に耳を傾け，文字を介さずに意味がなんとなくわかる経験をさせましょう。

(2) 文字を使う活動をする前に，準備段階として次のような音声からの文字活動を経験しておくこと。
　①歌やチャンツで聞こえてくる音を識別できる（音韻認識）
　②文字の形を識別できる（文字の形認識）
　③絵本の文字を見ながら音声を聞いたり，絵カードを見たりしたとき，目で見てなんとなく文字がわかる（サイトワード）
　④絵を見ずに音声のみで内容を推測できる（音の特徴と意味のつながり）
　　→何度も書いて覚える「練習」や「暗記」は，中学年児童の発達段階にはそぐわないでしょう。

64

(3) 音と文字の指導は長くしすぎず，10分程度で1つの活動を行うこと。
　　→ペアやグループで「聞く，見る，触る，探す，操作する，体を動かす」などの活動をとおして児童の認知力に働きかけましょう。
(4) 小学校3年生の国語科で学ぶローマ字について，訓令式とヘボン式があることに少し触れておく。
　　→ローマ字五十音表のしくみを理解しておくと，初めて出会う英単語（例：NEST）の読み方を推測するときに，ナ行(N)とア行の(E)を組み合わせて「ネ」(NE)となる，などと理解することが可能になります。これは，その後続いていく英語学習でも未知語の発音を推測するときに役に立つストラテジーです。
(5) どのアルファベットが児童にとって馴染みがあるのかないのかを意識しながら指導すること。
　　→「B，C，F，J，L，Q，V，X」は，ローマ字ではあまり触れないため，すぐに形を認識したり，書いたりできないことが多いようです。
(6) 大文字と小文字を混同しないようにするため，まずは大文字の形と名前に触れてから小文字の形を教えること。
　　→小文字を書くことや，フォニックスのジングル指導（アッ，ブッ，クッ）は急がず，小学校5年生で始めるとよいでしょう。

2. 中学年での「音と文字の扱い」と活動例

(1) 音韻認識の活動

【活動1】ライムと手遊び

　英語の歌（ナーサリーライムなど）を聞いて，同じ音のかたまりに合わせて動作化します。たとえば，*Ten Fat Sausages* を使って，次のような手遊びが考えられます。まず，両手の10本の指をソーセージに見立て，フライパンの中で焼けている様子を表します。"sizzle"という音が聞こえたら，体の前で指を揺らし，ソーセージがジュージュー焼ける様子を表します。そして，"Bang"が聞こえたら，ソーセージが1本飛んでいく様子を，人差し指を立てて手を下から上にたたいて表します（図1）。

図1　音と動作(ライミング)

Ten fat sausages sitting in the pan. ×2　Sizzle, sizzle, sizzle, one goes "bang."
　　　　　　　　　　　　　　　　　　　　　　（指を揺らす）　　　　　（手を叩く）

Nine fat sausages sitting in the pan.　♪

【活動2】音のかたまり（シラブル）

　くだものや食べものの単語が出てくる物語（例：*The Very Hungry Caterpillar*（『はらぺこあおむし』）を聞かせて，次のような方法で音のかたまり（音節：シラブル）と，アクセントに気づかせます。まずは音声を聞かせ，文字はそのあとに見せる程度でよいでしょう。

・絵だけを見せて手で拍をとる（文字は見せない）。
・カスタネットで拍をとる。またはピンポン球を使って，シラブルの数だけバウンドさせる（強拍では強く）。
・シラブルを視覚化して丸い拍で表す（図2）。

図2　音節（シラブル）

(2) 文字の形を認識する活動

【活動1】イニシャルデザイン

　自分のイニシャルのアルファベットをデザインします。クラス全員で大文字のA～Zまでを作れるように，日本人名にないLやQなどは外国人名を調べ，分担を決めるとよいでしょう。集まったデザインはA～Zの順に教室に掲示するとよいでしょう（図3）。

図3　イニシャルデザイン

【活動2】大文字対抗リレー

　身の回りにあるアルファベットの大文字を探して，どのグループがより多くの単語を書けるか競争するゲームです。教師は，よくぞ思いついたと思う単語を取り上げ，"What is PC?" "Personal Computer" などとフィードバックするとよいでしょう。

①クラスをいくつかのグループに分けて，知っているアルファベットの組み合わせを話し合わせる（CD, DVD, NHK, WHO, USJなど）。
②グループで順番を決めてチョークをバトンにして黒板に書く。音楽スタートでチョークをバトンにして回す（図4）。

図4　大文字対向リレー

(3) アルファベットの順番を覚える活動
【活動1】ABCD一万尺

「アルプス一万尺」の替え歌でペアで手遊びをします。教師は黒板にA～Zのカードを貼り、任意の2枚だけ抜きます。児童は抜いたカードの拍は手をたたかないように「ABCD一万尺」にチャレンジします。できたペアは、抜くカードを3枚, 6枚とレベルアップするとよいでしょう。

アルファベットの形の認識は教師が思っているよりもつまずきやすいものです。グループ活動を取り入れて学び合えるようにし、苦手な文字（BとD, VとW, PとDなど）は取り出して指導するようにしましょう。

【活動2】アルファベットビンゴ

カードを使ってビンゴをします。教師は黒板にアルファベットのカードを1枚ずつ順番に表向きに並べておきます。「ABCソング」を歌ってから行うとよいでしょう。

①クラスを4人程度のグループに分ける。
②児童は26枚のカードから9枚選び、3×3になるよう机に並べる（図5）。
③教師は、児童を指名して"What's your name?"と聞きます。"I'm Mei."と答えたら、ほかの児童は"Mei, M /ém/, M /ém/, beginning with M /ém/"と言いながら、選んだカードにMがあれば裏返します。QやPなどはキャラクターや外国人の名前を使うとよいでしょう。"What's your name?" "I'm Pikachu."

図5　アルファベットビンゴ
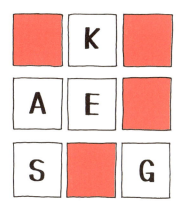

3. 音の特徴と意味のつながり

この節で紹介してきたように、英語に初めて出会った中学年の児童には少しでも意味のある活動の中でアルファベットに出会い、友だちとの関わりを意識しながらペアやグループ活動を行うことが大切です。デジタル教材やビデオを視聴するだけでは、英語の文字と自分の身の回りのことが結びつきにくいでしょう。たとえば、"How are you?" "I am great." とやり取りをしたあとに、気持ちを表す単語が印字された紙を配り、それに合う絵を描かせて学級掲示してみてはいかがでしょうか。

（柏木 賀津子）

| 4 | # 2往復以上のやり取り |

新教材関連Unit
3年：Unit 8
4年：Unit 5

1. 外国語活動での「やり取り」とは

　コミュニケーションを図る素地となる資質・能力を育成するために，新学習指導要領 第4章 外国語活動では，第1目標 (2) に「身近で簡単な事柄について，外国語で聞いたり話したりして自分の考えや気持ちなどを伝え合う力の素地を養う」と明示されています。どちらかが一方的に話していたり，あるいは意味がわからないまま聞いていたりしてはコミュニケーションを図っているとは言えません。相手の話している内容を聞き取ろうとすること，さらに自分の話したい事柄について伝えようとすること，それら双方の態度がとても大切です。内容が伴い，心が通じ合った「聞く⇔話す」という体験を通して，児童はコミュニケーションを図る楽しさや喜びを感じます。自分と相手の心がことばを通して互いに行き交う「聞く⇔話す」という体験のことを，外国語活動での「やり取り」と考えたいものです。そして，その「やり取り」が1回でも多く続くために，どのような工夫をしていけばよいかを教師は考えていかなければいけないでしょう。

2. 内容が伴い，心が通じ合った「やり取り」をするために

　相手の話している内容を聞き取ろうとするために，また自分の話したい事柄をしっかり伝えようとするために，ことばと同じくらい（ときにはそれ以上）大切だと言える手段があります。それは，「相手の目を見ること」，「相づちを打つこと」，「動作（ジェスチャー）を取り入れること」です。初めて英語に触れる中学年の児童にとっては，これらの手段はやり取りの大きな支えとなります。相手の目を見ながら動作を取り入れて話したり，相づちを打ちながら聞いたりすることで，互いの心が通じ合い，内容理解の手助けとなるでしょう。これらの態度は，教師が児童と話す教室英語やデモンストレーションの中で意識的に示していくことが必要です。教師が児童へ話しかけたり，また児童が話そうとしているのを聞いたりするときには，児童たちの目を見ながら大げさなくらい相づちを打ったり，動作を取り入れたりして，自分と相手の心が通じ合う喜びや楽しさを味わわせたいものです。

3. 話すこと［やり取り］の具体例

　新学習指導要領 第4章 外国語活動 第2 各言語の目標及び内容等 2 内容 (3) 言語活

動及び言語の働きに関する事項 ①言語活動に関する事項 イ話すこと［やり取り］の中では，3つの活動が明示されています。授業の中でどのような活動が考えられるか，一例をあげていきます。

（ア）知り合いと簡単な挨拶を交わしたり，感謝や簡単な指示，依頼をして，それらに応じたりする活動

活動名　あいさつゲーム

目標　あいさつの表現に慣れ親しみ，表情やジェスチャーをつけてさまざまな感情や様子を積極的に伝えようとする。

使用表現

A: Hello! [Good morning. / Good afternoon.] How are you?

B: I'm fine, thank you.

A: Oh, good!（That's too bad. Really?など，状況に応じて変えていく）

B: How are you?

A: I'm fine, thank you.

B: Oh, good!

A: See you!

B: See you!

展開

1. 感情や様子を表すことばや表情のピクチャーカードを見て，表情やジェスチャーを交えながら発音していく。

2. デモンストレーションとして，初めは児童全員で教師に"How are you?"とたずねさせる。教師はピクチャーカードから1つ選び，その状態を表情やジェスチャーを交えながらI'm ～ .と答える。たずねた児童は"Oh, good!"や"That's too bad."といったリアクションを返すようにする。

3. 同様に児童もピクチャーカードから1つ選び，互いにペア→グループ→クラス全体とインタビューの対象を広げていく。

4. 最後は教師が児童数人を選び，その児童がどんな状態だったかをクラスで確認していく。

4 2往復以上のやり取り

（イ）自分のことや身の回りの物について，動作を交えながら，好みや要求などの自分の気持ちや考えなどを伝え合う活動

活動名　ジェスチャーゲーム

目標　好きな動物やスポーツについて話したりたずねたりする表現に慣れ親しみ，動作を交えながら自分の好みを積極的に伝えようとする。

使用表現

A: Hello! [Good morning. / Good afternoon.] How are you?
B: I'm fine, thank you. How are you?
A: I'm fine, thank you. What animal do you like?
B: I like... （rabbitの動作をまねてみせる）
A: Oh, do you like rabbits?
B: Yes, I do! So, what animal do you like?
A: I like... （lionの動作をまねてみせる）
B: Do you like tigers?
A: No, I don't! （再びlionの動作をまねてみせる）
B: Oh, do you like lions?
A: Yes, I do. See you!
B: See you!

展開

1. ピクチャーカードを見ながら，いろいろな動物やスポーツ，色などの英語表現を知る。
2. 自分の好きな動物，スポーツ，色などをワークシートに書いていく。
3. 友だちの好きな動物やスポーツ，色などについてインタビューをしてワークシートに書いていく。

※単元のゴールを「友だちにメッセージカードを贈ろう」などと設定すると，好きなものをたずねる必然性が出ます。

（ウ）自分や相手の好み及び欲しい物などについて，簡単な質問をしたり質問に答えたりする活動

活動名　Go fish ゲーム

目標　欲しい物について質問をしたり答えたりする表現に慣れ親しむ。
使用表現

ABCD: Rock, scissors, paper, 1, 2, 3!（グループ活動）
A: B, what do you want?
B: A soccer card, please.
A: Oh, I have it. Here you are. [Sorry.]
B: Thank you! [OK.] C, what do you want?
C: A baseball card, please.
B: Oh, I have it. Here you are. [Sorry.]
C: Thank you! [OK.] D, what do you want?
D: 以下続けていく。……

展開

1. 動物やスポーツ，色などのピクチャーカードを数枚ずつ配る。残りのカードは裏にしたまま真ん中に置く。
2. じゃんけんをして，勝った人から時計回りに自分の欲しいカードを言っていく。次の順番の人が言われたカードを持っていたらカードをもらう。もし持っていなかったら真ん中のカードから1枚取る。
3. 手持ちのカードが2枚そろったら捨てていき，1番早くなくなった人が勝ちとなる。

※カードを取ることだけに夢中にならないよう，質問をしたり答えたりしながら進めていくよう声をかけるとよいでしょう。

（畠山　芽含）

参考文献：直山木綿子（2013）『新版 小学校外国語活動　イラストで見る全単元・全時間の授業のすべて5年』東洋館出版．

5 動作の取り扱い方・語彙の取り入れ方

新教材関連Unit

4年：Unit 2・8

1. はじめに

・小学校5・6年生で実施する外国語科の目標の1つは<u>知識・技能を身につけること</u>である。

・小学校3・4年生の外国語活動の目標の1つは<u>基本的な表現に慣れ親しませること</u>である。

　外国語活動の授業づくりをする際には，この違いを念頭に置かなければなりません。初めて英語に触れることとなる3・4年生の場合は，中学生，高校生のように受験があるからという理由で英語学習の動機づけをしようとしたとしても，それは本当の意味での動機づけにはなりません。受験が終わった時点で英語学習から離れてしまったり，大人になってから英語は苦手だと意識してしまったりするのでは本物の学習とは言えないでしょう。3・4年生の心を動かすものは，今やっていることが楽しいかどうか，実際に生活で役立っているかどうかなのです。

　小学校では学級担任が児童と生活を共にする時間が長いため，担任が児童に与える影響は非常に大きく，児童も担任の気持ちを一瞬で察知する力を備えています。担任が楽しんで外国語活動の授業を進めているかどうかはすぐに見抜かれてしまいます。これらのことを考えると，外国語活動を進める際に学級担任の役割は重要であり，担任自身も外国語を楽しみながら授業を展開することが成功の秘訣なのではないでしょうか。

2. 語彙の習得

　英語の語彙を増やしたり動作を表すことばに慣れ親しませたりするための活動においても，教師と児童が授業を楽しむことがポイントになります。

　ここで，英語の授業を楽しいと感じさせるための工夫を考えてみましょう。

〈英語の授業を楽しいと感じさせるための工夫〉

❶ ゲームやリズム遊びの楽しさを味わわせる。

❷ 1人ひとりが活躍できる場をつくり，自己存在感や満足感を味わわせる。

❸ 知的好奇心を満足させる。

❹ 自分の口からとび出した英語が相手に伝わる楽しさを味わわせる。

❺ できたことや言えたことを教師や友だちに認められる喜びを味わわせる。

72

> ※教師は思い切りほめる。 "Very good." "Good job." "Wonderful."

これらの工夫を授業の中に取り入れることにより，教師と児童との楽しい授業づくりができるようになります。

(1) 動作の取り扱い方

Stand up. Sit down. Stop. Walk. Jump. Run. Turn around. Turn right. Turn left. Go straight.

これらの動作を表すことばに慣れ親しませるためには，ことばや絵で説明するだけでなく，動作をつけることが効果的です。なぜ効果的なのか，次のように考えてみましょう。

> 大人の場合： "Stand up." ⟹ 日本語に置き換える ⟹ 動作
> 　3・4年生： "Stand up." ⟹ 動作

大人の場合は，英語を聞いたあと一旦日本語に置き換え，どのように反応すればよいかを考えてから動作に移ることが多いのではないでしょうか。一方，初めて英語に触れる児童は，動作をつけながら聞いたり動きながら英語を言ったりすることを数多く経験することにより，日本語を介さないで動作に移ることができるようになります。つまり，日本語の媒介なしに反応するようになり，将来的にはクイックレスポンスができるようになるのです。

動作に慣れ親しませるための効果的な活動としては，命令ゲーム，Simon says ゲーム，スケッチブックゲームなどがあります。次のような方法で，授業に取り入れてみましょう。

【命令ゲーム】

❶ 最初に，"Stand up.", "Sit down.", "Stop.", "Walk.", "Jump.", "Run.", "Turn around.", "Turn right.", "Turn left.", "Go straight."などのことばがどのような動作かを確認する。
❷ 教師の言ったことばの指示にしたがって動作をする。
❸ 慣れてきたら，命令を出す係を決めてグループやペアで実施し，聞いたり話したりする機会を多くして自然に慣れ親しませる。

【Simon says ゲーム】

❶ "Simon says..."というフレーズのあとに動作を表すことばが聞こえた場合は必ずその指示どおりに動き，"Simon says"というフレーズをつけないで動作を表すことば

が聞こえた場合はそのまま動かないというルールを説明する。

❷ 教師は，"Simon says touch your head.", "Simon says stand up.", "Simon says jump."などのことばをテンポよく聞かせて指示を出す。最後に"Jump."などと言って"Simon says"というフレーズをつけなかった場合に動いたら間違いとなる。

❸ 間違えてしまった児童は着席させたり着席のまま続けさせたりするなど，クラスの実態に応じて失敗したことが児童のやる気を損なわないよう配慮する。

【スケッチブックゲーム】

❶ スケッチブックに三択の分岐点の道路を描き，裏側には三択のうちの1つの道路だけが先につながっている道を描く(図1)。

❷ "Turn right.", "Turn left.", "Go straight."のことばの意味と動きを確認する。

❸ 教師はスケッチブックの分岐点(←↑→)を示し"Where is the treasure?"と児童に質問する。

❹ 児童は起立し自分の考えでどの方向に行きたいか動作をつけて"Turn right.", "Turn left.", "Go straight."のどれかを言って道を選ぶ。

❺ 教師は次のページをめくり，どの道が宝物へ続いているかを確認し，当たった児童だけが立ったままゲームを続け，間違えた児童は座る(図2)。

❻ 最後のページに描いてあるゴールの宝物にたどりつけるかどうかを楽しむ。

❼ ゴールにたどりつけなかった児童も座ったまま声を出して活動に参加させ，途中で失敗しても話すことに慣れしませるなど，児童のやる気を損なわないようにする。

図1

図2

※ 画用紙とリングで入れ替えができるものを作るといろいろなコースが楽しめます。×印を1つだけにするなど，教師の工夫により楽しく活動できます。

(2) 語彙の増やし方

動作のことばに慣れ親しませる場合と同様に，語彙を増やす場合にも実物や写真・絵と組み合わせた指導が効果的です。

たとえば，野球をしている写真を見せて"baseball"と何度かくり返して言わせ，慣れてきたら，くり返すのではなく写真を見せてそれは何かを言わせるようにします。

　ここで勘違いしやすいのは，担任やALTがリピートさせればすぐに慣れ親しむと思ってしまうことです。リピートはあくまでもあとに続いて言っているだけであり，児童は意味を考えることなく，聞こえたままをオウム返ししているにすぎないのです。絵や写真を見せてリピートさせたあとは，必ず絵や写真を見せてそれは何かを言わせ，どの程度できるようになったか確認することがポイントとなります。

　さらに，うまくできたら"Very good.", "Good job."などのほめことばをかけ，1回1回ほめて児童に達成感を味わわせるようにすれば，児童にも自信が湧いてくることでしょう。

　単語をある程度習得した段階を経たら，カルタゲームやポインティングゲームなどを通して，会話とゲームを合わせた活動を仕組んでいくことにより無理なく語彙を増やすことができます。

＜カルタゲームやポインティングゲームと会話を組み合わせた例＞

S: What sport do you like?

T: I like soccer.

S: （サッカーのカードを取ったり指さしたりする。）

※慣れてきたらグループやペアで実施し，会話する回数を増やして慣れ親しませる。

3.　おわりに

　初めて外国語活動に取り組む3・4年生は，楽しい授業を期待することに違いないでしょう。教える側に苦手意識や不安があったとしても，それを児童の前であからさまに出すことなく，今までの経験をもとに自信を持って取り組んでいただきたいと思います。

　たとえば，赤ん坊が母親からことばを学ぶときのことを考えてみましょう。母親の腕に抱えられながら犬を見て，「ワンワン」と何度か教えられると，いつの間にか赤ん坊は犬を見ただけで「ワンワン」と言って指さすようになります。

　これは，外国語活動の場合も同じです。安心できる環境の中で，子どもの成長に喜びを感じる教師と一緒に活動を進めることにより，高学年や中学校，さらには将来につながる英語の授業づくりができるのです。

（佐藤 広幸）

| 6 | 絵本の効果的な扱い方 |

新教材関連Unit
3年：Unit 9
4年：Unit 9

1. 絵本を扱う意義

　子どもたちには，まとまりのある英語を聞いてわかるという経験が大切です。絵本の読み聞かせを行うことで自然な英語に触れ，英語を固まりで覚えることができます。また，絵や文脈から意味を推測する力や大意をつかむ力をつけることができます。さらに，さまざまな場面の絵を通して異文化に触れることもできます。

2. 絵本の選び方

　単元の題材と関連するテーマや，学習する単語や表現が含まれる絵本を選びましょう。学習する単語や表現がくり返し現れるものが最適です。子どもにとって，知らない単語が多すぎる絵本や文章量が多すぎる絵本は避けましょう。絵本の中にはビッグブック（大型絵本）が販売されているものがあります。人数の多いクラスではビッグブックを活用するとよいでしょう。

3. 読み聞かせの方法

　英語らしいリズムで，声色を変えたりジェスチャーをつけたりして表情豊かに読むことが大切です。また，単に読み進めるだけではなく，次に何が起こると思うかなどの質問をして児童たちと英語でやり取りをすることが大切です。発音に自信のない先生は，付属のCDを使用することも可能です。

4. 具体的実践例

　Brown Bear, Brown Bear, What Do You See?（by Bill Martin, Jr., Pictures by Eric Carle, Puffin Books）を活用した実践例を紹介します。この絵本には，色とりどりの動物たちが登場し，"..., ..., what do you see?" "I see ... looking at me." という表現がくり返し出てきます。動物や色の学習をする単元の一部に組み込むとよいでしょう。

　読み聞かせの際は，英語らしいリズムで読むことが大切です。英語はほぼ等間隔で強勢（stress）が表れます。たとえば以下の部分は，●の部分を強く読むことで英語らしいリズムになります。

"Brown bear, brown bear, what do you see?"

"I see a red bird looking at me."

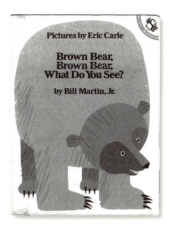

　2回目以降の読み聞かせでは，次のページに進む際，ページをほんの少しめくって動物の一部だけを見せ，"What's next?" とたずね，次の動物は何かを予想するやり取りをしながら読み進めます。読み聞かせの回数を重ねたあとは，"..., ..., what do you see?" という質問のパートと "I see ... looking at me." の答えのパートに分かれて，掛け合いをするとさらに楽しめます。はじめは教師対児童，次に児童を2つのグループに分けて行うなどの変化をつけることで，何度も飽きずに行うことができます。

　最後に発展として，自分の好きな動物に好きな色を塗り，班の友だちと組み合わせて自分たちの絵本を作り紹介するという活動を行うことができます。まず，児童たちは輪郭線で描かれたさまざまな動物の絵の中から，好きな動物を1つ教師にもらいに行きます。その際，"Sheep, please." などと言うようにします。次に，好きな色のクレヨンを教師にもらいに行きます。その際は，"Yellow, please." などと言うようにします。"..., please." と言わなければ動物の絵やクレヨンをもらえない状況を作り，発話の必然性を持たせます。そして，好きな色で着色した動物の絵を班の友だちの絵と組み合わせて綴じ，1冊の絵本のようにします。原作とは色と動物の組み合わせが異なる絵本ができあがります。最後に，班ごとにクラスみんなの前で発表をします。

発表例: Yellow bird, yellow bird, what do you see?
　　　　I see a blue cat looking at me.

5. そのほかの中学年にふさわしい絵本例

(1) *Five Little Monkeys Jumping on the Bed* (by Eileen Christelow, Clarion Books)

　5匹のサルが1匹ずつベッドから落ちて頭を打ち，母ザルがそのたびに医者に連絡をするというお話です。数を扱う単元の一部の活動としてこの絵本を取り入れるとよいでしょう。以下のような文章がくり返し出てきます。次のように，英語らしいリズムで読み聞かせることが大切です。

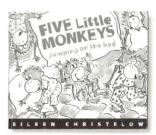

実践編　外国語活動で教えたいこと　　77

Five little monkeys jumped on the bed.

One fell off and bumped his head.

The mama called the doctor. The doctor said,

"No more monkeys jumping on the bed."

(2) *A Teddy Bear* (by Mikiko Nakamoto & Hideko Kakegawa, APRICOT)

ある子どもが，ゴミ集積所に捨てられていたクマのぬいぐるみを拾ってきて，ちぎれていた腕や脚，目，鼻，口，耳，しっぽをつけてあげるというお話です。"I put back his eyes." "I put back his mouth." といった表現がくり返し出てきます。体の部分を扱う単元の一部の活動としてこの絵本を取り入れるとよいでしょう。

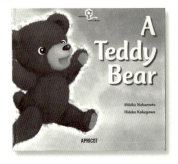

(3) *A Beautiful Butterfly* (by Mikiko Nakamoto & A. P. Pascal, APRICOT)

青いチョウになりたいアオムシは青いくだものを探します。ページをめくる前に何のくだものが出てくるのかを予想させるやり取りを行うことができます。以下同様に，黄色いチョウになりたいアオムシは黄色いくだものを探します。"I have to eat something blue." "I have to eat something yellow." といった表現がくり返し出てきます。色やくだものを扱う単元の一部の活動としてこの絵本を取り入れることができます。

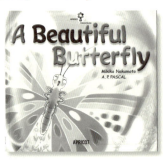

（上原 明子）

出典
Brown Bear, Brown Bear, What Do You See? ©1995 Puffin Books / Bill Martin, Jr., Eric Carle
Five Little Monkeys Jumping on the Bed ©1989 Clarion Books / Eileen Christelow
A Teddy Bear ©2000 APRICOT / Mikiko Nakamoto, Hideko Kakegawa
A Beautiful Butterfly ©2001 APRICOT / Mikiko Nakamoto, A. P. Pascal

巻末資料

資料❶ 授業で使える表現集……………80

資料❷ 新学習指導要領（外国語活動）90

巻末資料❶	授業で使える表現集

❖ 教室英語

1. 始めのあいさつ　　Opening greetings

(1)	みなさん，おはようございます[こんにちは]。	Good morning [afternoon], everyone.
(2)	英語の時間です。	Let's start English class!
(3)	今日の調子はどうですか。	How are you today?
(4)	今日は何曜日ですか。	What day is it today?
	—金曜日です。	—It's Friday.
(5)	今日は何月何日ですか。	What's the date today?
	—4月25日です。	—It's April 25th.
(6)	今日の天気はどうですか。	How's the weather today?
	—晴れています。	—It's sunny.

2. 基本表現　　Classroom expressions

(1)	準備はいいですか。	Are you ready?
(2)	始めましょう。	Let's begin. / Shall we begin?
(3)	私[これ]を見なさい。	Look at me [this].
(4)	絵カードを見なさい。	Look at the picture card.
(5)	CD［アリソン先生の話］を聞きなさい。	Listen to the CD [Alison *sensei*].
(6)	私のあとについてくり返しなさい。／	Repeat after me. /
	いっしょに言いましょう。	Let's say it together.
(7)	大きな声で話しなさい。	Louder, please. / Speak up.
(8)	テキストの6ページを開きなさい。／	Open your textbook to page six. /
	テキストを閉じなさい。	Close your textbook.
(9)	絵を指さしなさい。	Point to the picture.
(10)	はい，どうぞ。	Here you are. / Here you go.
(11)	ワークシートに名前を書きなさい。	Write your name on the worksheet.
(12)	絵［線］を描きなさい。	Draw a picture [line].
(13)	手をあげなさい。／手を下ろしなさい。	Raise your hands. / Put your hands down.

80

(14)	こちらに来なさい。	Come here.
(15)	もう一度言ってください。	Pardon me? / Could you say that again?
(16)	「リンゴ」は英語で何と言いますか。	How do you say "ringo" in English?
(17)	リンゴを塗りなさい[丸で囲みなさい]。	Color [Circle] the apple.
(18)	「リンゴが好きですか」と私にたずねなさい。	Ask me, "Do you like apples?"
(19)	グループで話し合いなさい。	Talk in your group. / Discuss it in groups.
(20)	残りあと1分です。	One minute left.
(21)	静かにしなさい。／話をやめなさい。	Be quiet. / Stop talking.
(22)	立ちなさい。／座りなさい。	Stand up. / Sit down.
(23)	鉛筆を置きなさい。／片付けなさい。	Put your pencil [things] away.
(24)	席に戻りなさい。	Go back to your seat.

3. ほめる　　　　　　　　Praising

(1)	正解です。	That's right!
(2)	よくできました。	Good! / Great! / Good job! / Well done!
(3)	素晴らしい。／いいね。	Wonderful! / Excellent! / Marvelous! / Fantastic! / Super! / Perfect!
(4)	いいアイディアですね。	Good idea!
(5)	彼[彼女]に拍手しましょう。	Let's give him [her] a big hand.

4. 励ます　　　　　　　　Encouraging

(1)	よくがんばったね。	Nice try! / Good try!
(2)	惜しい。	Close! / Almost!
(3)	がんばって。	Good luck! / Do [Try] your best!

巻末資料❶ 授業で使える表現集

5. ゲームや活動の開始   Starting games and activities

(1) ゲームをしましょう。／歌を歌いましょう。   Let's play a game. / Let's sing a song.

(2) クレヨンを持っていますか。   Do you have crayons?

(3) はさみが必要です。   You need scissors.

(4) テキストを取り出しなさい。   Take out your textbook.

(5) 机を寄せなさい。   Put your desks together.

(6) 消しゴムを2人の間に置きなさい。   Put an eraser between you and your partner.

(7) テキストを片付けなさい。   Put your textbook away.

6. ゲームや活動   Games and activities

(1) 1[2]列になりなさい。   Make one line [two lines].

(2) 4チームに分かれなさい。   Make four teams.

(3) 5人組をつくりなさい。   Make groups of five (students).

(4) ペアになりなさい。   Make pairs. / Get into pairs.

(5) 相手を代えなさい。   Change partners.

(6) 向かい合いなさい。   Face each other.

(7) 円になりなさい。   Make a circle.

(8) 歩き回って相手を見つけなさい。   Walk around and find a partner.

(9) できるだけたくさんの友だちに話しかけなさい。   Talk to as many friends as possible.

(10) 前に来なさい。   Come to the front.

(11) やってくれる人はいますか。／手伝ってくれますか。   Any volunteers? / Can you help me?

(12) 役割を交代しなさい。   Change [Switch] roles.

(13) じゃんけんをしなさい。   Do *janken*.

82

7. カードゲーム　Card games

(1) カードを取り出しなさい。　Take out your cards.

(2) カードの表を上［下］にして置きなさい。　Put your cards face up [down].

(3) カードを掲げなさい。　Hold up your cards.

(4) カードをだれにも見せてはいけません。　Don't show your card to anyone.

8. ゲームや活動の終わり　Ending games and activities

(1) 終わったら，座りなさい。　When you are done, sit down.

(2) いくつビンゴができましたか。　How many bingos do you have?

(3) 何ポイント取れましたか。　How many points did you get?

(4) だれが勝ちましたか。　Who won?

9. 終わりのあいさつ　Closing greetings

(1) 今日はこれで終わります。　That's all for today.

(2) 今日の授業は楽しかったですか。　Did you enjoy today's class?

(3) また次回会いましょう。　See you next time.

(4) さようなら。　Goodbye. / See you.

巻末資料❶ 授業で使える表現集

❖ 小学校英語表現・語彙

3年

表　現	語　彙

Unit 1　あいさつをして友達になろう

☐　Hello.
☐　Hi.
☐　I'm (Hinata).
☐　Goodbye.
☐　See you.

friends

Unit 2　ごきげんいかが？

☐　How are you?
☐　I'm (happy).

状態・気持ち (fine, happy, good, sleepy, hungry, tired, sad, great)

Unit 3　数えてあそぼう

☐　How many (apples)?
☐　Ten (apples).
☐　Yes.
☐　That's right.
☐　No.
☐　Sorry.

数 (1–20)
身の回りの物 (marble, ball, pencil, eraser, ruler, crayon)
果物・野菜 (apple, strawberry, tomato)
形 (circle, triangle, cross)
stroke

84

| 表　現 | 語　彙 |

Unit 4　すきなものをつたえよう

- ☐ I like (blue).
- ☐ Do you like (blue)?
- ☐ Yes, I do. / No, I don't.
- ☐ I don't like (blue).

色 (red, blue, green, yellow, pink, black, white, orange, purple, brown)

スポーツ (soccer, baseball, basketball, dodgeball, swimming)

飲食物 (ice cream, pudding, milk, orange juice)

果物・野菜 (onion, green pepper, cucumber, carrot)

rainbow

Unit 5　何がすき？

- ☐ What do you like?
- ☐ I like (tennis).
- ☐ What (sport) do you like?
- ☐ I like (soccer).

スポーツ (sport, volleyball, table tennis)

飲食物 (food, hamburger, pizza, spaghetti, steak, salad, cake, noodle, egg, rice ball, jam)

果物・野菜 (fruit, orange, grape, pineapple, peach, melon, banana, kiwi fruit, lemon)

Unit 6　アルファベットとなかよし

- ☐ (Card 'A'), please.
- ☐ Here you are.
- ☐ Thank you.
- ☐ You're welcome.

数 (21–30, 0)

book, drum, fish, gorilla, hat, ink, jet, king, monkey, notebook, pig, queen, rabbit, sun, tree, umbrella, violin, watch, box, yacht

巻末資料　85

巻末資料❶ 授業で使える表現集

表　現	語　彙

Unit 7　カードをおくろう

- ☐　What do you want?
- ☐　(A star), please.
- ☐　Here you are.
- ☐　This is for you.
- ☐　Thank you.
- ☐　You're welcome.

状態・気持ち (big, small)

形 (square, rectangle, heart, star, diamond)

動物 (dog, cat, panda, mouse, bear)

bus, flower

Unit 8　これなあに？

- ☐　What's this?
- ☐　Hint, please.
- ☐　It's (fruit).
- ☐　It's (green).
- ☐　It's (a melon).
- ☐　That's right.

動物 (elephant, tiger, owl, raccoon, dog)

昆虫 (dragonfly, grasshopper, spider, moth)

hint, nest

Unit 9　きみはだれ？

- ☐　Are you (a dog)?
- ☐　Yes, I am. / No, I'm not.
- ☐　Who are you?
- ☐　I'm (a dog).
- ☐　Who am I?
- ☐　Hint, please.

動物 (cow, dragon, snake, horse, sheep, chicken, wild bear)

状態・気持ち (long, shiny, scary, round, furry)

身体の部位 (head, eyes, ears, nose, mouth, shoulders, knees, toes)

86

4年

表　現	語　彙

Unit 1　世界のいろいろなことばであいさつをしよう

- ☐ Hello.
- ☐ Good [morning / afternoon].
- ☐ I like (strawberries).
- ☐ Goodbye.
- ☐ See you.

morning, afternoon, world

Unit 2　好きな遊びを伝えよう

- ☐ How's the weather?
- ☐ It's [sunny / rainy / cloudy / snowy].
- ☐ Let's (play cards).
- ☐ Yes, let's. Sorry.
- ☐ Stand up. / Sit down. / Stop. / Walk. / Jump. / Run. / Turn around.

天気 (weather, sunny, rainy, cloudy, snowy)

動作 (stand, sit, stop, jump, turn, walk, run, look, put, touch)

身体の部位 (hand, leg)

遊び (tag, jump rope, bingo, game)

衣類 (T-shirt, shorts, sweater, pants, raincoat, rain boots, gloves, boot)

hot, cold, up, down, on, around, right, left, outside, inside

Unit 3　好きな曜日は何かな？

- ☐ What day is it?
- ☐ It's (Monday).
- ☐ Do you like (Mondays)?
- ☐ Yes, I do. / No, I don't.
- ☐ I like (Mondays).

曜日 (Monday, Tuesday, Wednesday, Thursday, Friday, Saturday, Sunday)

果物・野菜 (mushroom, watermelon)

飲食物 (soup, pie, sandwich)

day, fresh

巻末資料　87

巻末資料❶ 授業で使える表現集

表　現	語　彙

Unit 4　今，何時？

- ☐　What time is it?
- ☐　It's (8:30).
- ☐　It's (homework time).
- ☐　How about you?

数字 (40, 50, 60)
生活日課・時間 ([wake up / breakfast / study /
　lunch / dinner / homework / bath / bed / dream]
　time)
a.m., p.m.

Unit 5　おすすめの文房具セットをつくろう

- ☐　Do you have (a pen)?
- ☐　Yes, I do. / No, I don't.
- ☐　I [have / don't have] (a pen).
- ☐　This is for you.

身の回りの物 (glue stick, scissors, pen, stapler,
　magnet, marker, pencil sharpener, pencil case,
　desk, chair, clock, calendar)
状態・気持ち (short)

Unit 6　アルファベットで文字遊びをしよう

- ☐　Look.
- ☐　What's this?
- ☐　Hint, please.
- ☐　How many letters?
- ☐　I have (six).
- ☐　Do you have (a 'b')?
- ☐　Yes, I do. / No, I don't.
- ☐　That's right.
- ☐　Sorry. Try again.

letter, try, again, coffee, closed, donut, exit, juice,
　news, open, police, restaurant, taxi, telephone,
　bus, stop, flower

| 表　現 | 語　彙 |

Unit 7　ほしいものは何かな

☐　What do you want?

☐　I want (potatoes), please.

☐　How many?

☐　(Two), please.

☐　Here you are.

☐　Thank you.

果物・野菜 (vegetable, potato, cabbage, corn,
　cherry, blueberry)

飲食物 (meat, pork, beef)

Unit 8　お気に入りの場所をしょうかいしよう

☐　Go straight.

☐　Turn [right / left].

☐　Stop.

☐　This is (the music room).

☐　This is my favorite place.

☐　Why?

☐　I like (music).

学校・教室等 (school, [science / music / arts and
　crafts / computer / cooking / lunch / boy's / girl's]
　room, [school nurse's / school principal's /
　teacher's] office, entrance, library, gym,
　playground)

favorite, place

Unit 9　ぼく・わたしの1日

☐　I wake up (at 6:00).

☐　I eat breakfast (at 7:00).

☐　I go to school.

☐　I go home.

☐　I take a bath.

日課 (wash my face, go to school, go home, brush
　my teeth, put away my *futon*, have breakfast,
　check my school bag, leave my house, take out
　the garbage, take a bath, do my homework)

巻末資料❷ 新学習指導要領(外国語活動)

第1 目 標

　外国語によるコミュニケーションにおける見方・考え方を働かせ，外国語による聞くこと，話すことの言語活動を通して，コミュニケーションを図る素地となる資質・能力を次のとおり育成することを目指す。

(1) 外国語を通して，言語や文化について体験的に理解を深め，日本語と外国語との音声の違い等に気付くとともに，外国語の音声や基本的な表現に慣れ親しむようにする。

(2) 身近で簡単な事柄について，外国語で聞いたり話したりして自分の考えや気持ちなどを伝え合う力の素地を養う。

(3) 外国語を通して，言語やその背景にある文化に対する理解を深め，相手に配慮しながら，主体的に外国語を用いてコミュニケーションを図ろうとする態度を養う。

第2 各言語の目標及び内容等

英 語

1 目 標

　英語学習の特質を踏まえ，以下に示す，聞くこと，話すこと[やり取り]，話すこと[発表]の三つの領域別に設定する目標の実現を目指した指導を通して，第1の(1)及び(2)に示す資質・能力を一体的に育成するとともに，その過程を通して，第1の(3)に示す資質・能力を育成する。

(1) 聞くこと

　ア　ゆっくりはっきりと話された際に，自分のことや身の回りの物を表す簡単な語句を聞き取るようにする。

　イ　ゆっくりはっきりと話された際に，身近で簡単な事柄に関する基本的な表現の意味が分かるようにする。

　ウ　文字の読み方が発音されるのを聞いた際に，どの文字であるかが分かるようにする。

(2) 話すこと[やり取り]

　ア　基本的な表現を用いて挨拶，感謝，簡単な指示をしたり，それらに応じたりす

るようにする。

イ 自分のことや身の回りの物について，動作を交えながら，自分の考えや気持ち
などを，簡単な語句や基本的な表現を用いて伝え合うようにする。

ウ サポートを受けて，自分や相手のこと及び身の回りの物に関する事柄について，
簡単な語句や基本的な表現を用いて質問をしたり質問に答えたりするようにする。

(3) 話すこと［発表］

ア 身の回りの物について，人前で実物などを見せながら，簡単な語句や基本的な
表現を用いて話すようにする。

イ 自分のことについて，人前で実物などを見せながら，簡単な語句や基本的な表
現を用いて話すようにする。

ウ 日常生活に関する身近で簡単な事柄について，人前で実物などを見せながら，
自分の考えや気持ちなどを，簡単な語句や基本的な表現を用いて話すようにする。

2 内 容

〔第3学年及び第4学年〕

〔知識及び技能〕

(1) 英語の特徴等に関する事項

実際に英語を用いた言語活動を通して，次の事項を体験的に身に付けることができ
るよう指導する。

ア 言語を用いて主体的にコミュニケーションを図ることの楽しさや大切さを知る
こと。

イ 日本と外国の言語や文化について理解すること。

(ア) 英語の音声やリズムなどに慣れ親しむとともに，日本語との違いを知り，
言葉の面白さや豊かさに気付くこと。

(イ) 日本と外国との生活や習慣，行事などの違いを知り，多様な考え方があ
ることに気付くこと。

(ウ) 異なる文化をもつ人々との交流などを体験し，文化等に対する理解を深
めること。

〔思考力，判断力，表現力等〕

(2) 情報を整理しながら考えなどを形成し，英語で表現したり，伝え合ったりするこ とに関する事項

具体的な課題等を設定し，コミュニケーションを行う目的や場面，状況などに応じ
て，情報や考えなどを表現することを通して，次の事項を身に付けることができるよ
う指導する。

巻末資料　　91

巻末資料❷ 新学習指導要領（外国語活動）

　ア　自分のことや身近で簡単な事柄について，簡単な語句や基本的な表現を使って，相手に配慮しながら，伝え合うこと。

　イ　身近で簡単な事柄について，自分の考えや気持ちなどが伝わるよう，工夫して質問をしたり質問に答えたりすること。

(3) 言語活動及び言語の働きに関する事項

① 言語活動に関する事項

(2)に示す事項については，(1)に示す事項を活用して，例えば次のような言語活動を通して指導する。

　ア　聞くこと

　（ア）　身近で簡単な事柄に関する短い話を聞いておおよその内容を分かったりする活動。

　（イ）　身近な人や身の回りの物に関する簡単な語句や基本的な表現を聞いて，それらを表すイラストや写真などと結び付ける活動。

　（ウ）　文字の読み方が発音されるのを聞いて，活字体で書かれた文字と結び付ける活動。

　イ　話すこと［やり取り］

　（ア）　知り合いと簡単な挨拶を交わしたり，感謝や簡単な指示，依頼をして，それらに応じたりする活動。

　（イ）　自分のことや身の回りの物について，動作を交えながら，好みや要求などの自分の気持ちや考えなどを伝え合う活動。

　（ウ）　自分や相手の好み及び欲しい物などについて，簡単な質問をしたり質問に答えたりする活動。

　ウ　話すこと［発表］

　（ア）　身の回りの物の数や形状などについて，人前で実物やイラスト，写真などを見せながら話す活動。

　（イ）　自分の好き嫌いや，欲しい物などについて，人前で実物やイラスト，写真などを見せながら話す活動。

　（ウ）　時刻や曜日，場所など，日常生活に関する身近で簡単な事柄について，人前で実物やイラスト，写真などを見せながら，自分の考えや気持ちなどを話す活動。

② 言語の働きに関する事項

言語活動を行うに当たり，主として次に示すような言語の使用場面や言語の働きを取り上げるようにする。

ア　言語の使用場面の例

（ア）　児童の身近な暮らしに関わる場面

・家庭での生活　　・学校での学習や活動

・地域の行事　　・子供の遊び　など

（イ）　特有の表現がよく使われる場面

・挨拶　　　　・自己紹介　　　・買物

・食事　　　　・道案内　など

イ　言語の働きの例

（ア）　コミュニケーションを円滑にする

・挨拶をする　　・相づちを打つ　など

（イ）　気持ちを伝える

・礼を言う　　　・褒める　など

（ウ）　事実・情報を伝える

・説明する　　　・答える　など

（エ）　考えや意図を伝える

・申し出る　　　・意見を言う　など

（オ）　相手の行動を促す

・質問する　　　・依頼する　　　・命令する　など

3　指導計画の作成と内容の取扱い

(1)　指導計画の作成に当たっては，第5学年及び第6学年並びに中学校及び高等学校における指導との接続に留意しながら，次の事項に配慮するものとする。

ア　単元など内容や時間のまとまりを見通して，その中で育む資質・能力の育成に向けて，児童の主体的・対話的で深い学びの実現を図るようにすること。その際，具体的な課題等を設定し，児童が外国語によるコミュニケーションにおける見方・考え方を働かせながら，コミュニケーションの目的や場面，状況などを意識して活動を行い，英語の音声や語彙，表現などの知識を，三つの領域における実際のコミュニケーションにおいて活用する学習の充実を図ること。

イ　学年ごとの目標を適切に定め，2学年間を通じて外国語活動の目標の実現を図るようにすること。

ウ　実際に英語を用いて互いの考えや気持ちを伝え合うなどの言語活動を行う際は，2の(1)に示す事項について理解したり練習したりするための指導を必要に応じて行うこと。また，英語を初めて学習することに配慮し，簡単な語句や基本的な表現を用いながら，友達との関わりを大切にした体験的な言語活動を行うこと。

エ 言語活動で扱う題材は，児童の興味・関心に合ったものとし，国語科や音楽科，図画工作科など，他教科等で児童が学習したことを活用したり，学校行事で扱う内容と関連付けたりするなどの工夫をすること。

オ 外国語活動を通して，外国語や外国の文化のみならず，国語や我が国の文化についても併せて理解を深めるようにすること。言語活動で扱う題材についても，我が国の文化や，英語の背景にある文化に対する関心を高め，理解を深めようとする態度を養うのに役立つものとすること。

カ 障害のある児童などについては，学習活動を行う場合に生じる困難さに応じた指導内容や指導方法の工夫を計画的，組織的に行うこと。

キ 学級担任の教師又は外国語活動を担当する教師が指導計画を作成し，授業を実施するに当たっては，ネイティブ・スピーカーや英語が堪能な地域人材などの協力を得る等，指導体制の充実を図るとともに，指導方法の工夫を行うこと。

(2) 2の内容の取扱いについては，次の事項に配慮するものとする。

ア 英語でのコミュニケーションを体験させる際は，児童の発達の段階を考慮した表現を用い，児童にとって身近なコミュニケーションの場面を設定すること。

イ 文字については，児童の学習負担に配慮しつつ，音声によるコミュニケーションを補助するものとして取り扱うこと。

ウ 言葉によらないコミュニケーションの手段もコミュニケーションを支えるものであることを踏まえ，ジェスチャーなどを取り上げ，その役割を理解させるようにすること。

エ 身近で簡単な事柄について，友達に質問をしたり質問に答えたりする力を育成するため，ペア・ワーク，グループ・ワークなどの学習形態について適宜工夫すること。その際，相手とコミュニケーションを行うことに課題がある児童については，個々の児童の特性に応じて指導内容や指導方法を工夫すること。

オ 児童が身に付けるべき資質・能力や児童の実態，教材の内容などに応じて，視聴覚教材やコンピュータ，情報通信ネットワーク，教育機器などを有効活用し，児童の興味・関心をより高め，指導の効率化や言語活動の更なる充実を図るようにすること。

カ 各単元や各時間の指導に当たっては，コミュニケーションを行う目的，場面，状況などを明確に設定し，言語活動を通して育成すべき資質・能力を明確に示すことにより，児童が学習の見通しを立てたり，振り返ったりすることができるようにすること。

第3　指導計画の作成と内容の取扱い

1 外国語活動においては，言語やその背景にある文化に対する理解が深まるよう指導するとともに，外国語による聞くこと，話すことの言語活動を行う際は，英語を取り扱うことを原則とすること。

2 第1章総則の第 1 の2の(2)に示す道徳教育の目標に基づき，道徳科などとの関連を考慮しながら，第3章特別の教科道徳の第2に示す内容について，外国語活動の特質に応じて適切な指導をすること。

●代表編著者

大城 賢 （琉球大学教授）

萬谷 隆一 （北海道教育大学教授）

●編著者

アダチ 徹子 （宮崎大学准教授）

樫村 雅子 （千葉県柏市立柏第八小学校教頭）

柏木 賀津子 （大阪教育大学教授）

上原 明子 （都留文科大学准教授）

櫛田 亜季 （茨城県高萩市立高萩中学校教諭）

轟田 亜子 （神奈川県川崎市立田島小学校総括教諭）

佐藤 広幸 （千葉県成田市立津富浦小学校校長）

宗 誠 （佐賀県有田町立有田中部小学校校長）

根本 アリソン （宮城教育大学特任准教授）

萩野 浩明 （神奈川県川崎市立高津小学校教諭）

畠山 芽含 （東京都足立区立新田学園主幹教諭）

※所属は平成29年11月現在

中学年用 はじめての小学校外国語活動

実践ガイドブック

―新学習指導要領対応―

平成29年11月30日 初版発行

カバー／本文レイアウトデザイン／DTP うちきばがんた

イラストレーション 田中 斉

発行者 開隆堂出版株式会社

代表者 大熊隆晴

発行所 開隆堂出版株式会社

〒113-8608 東京都文京区向丘1-13-1

電話03-5684-6115（編集），6118（販売）

発売所 開隆館出版販売株式会社

http://www.kairyudo.co.jp/

印刷所 平河工業社

〒162-0814 東京都新宿区新小川町3-9

振 替 00100-5-55345

乱丁本・落丁本はお取替えいたします。 ISBN978-4-304-05160-9 C3037